JN088551

0から学べる
ゼロ
島むに読本

りゅうきゅうおきのえらぶじま
琉球沖永良部島のことば

横山晶子 著

ひつじ書房

この本では、沖永良部島のことばのことを「しまむに」と表します。

「しま」という方言には「島」と「集落」の2つの意味があります。

この本では、島全体のことば（諸方言の総体）と、集落ごとに違う方言を

どちらも意味したいという気持ちで「しまむに」と表現しました。

教材に関する動画はこちらで配信しています ▶

https://sites.google.com/view/shimamuni-dokuhon/

は じ め に

　この本は、奄美群島沖永良部島のことば「しまむに」の文法を、しまむにを全く
知らない人が、体系的に理解できることを目指して書いた本です。

　「しまむに」を学びたい方、教えたい方、ちょっと興味がある方…。それから、他の
地域でことばの継承に取り組む方の参考にもなればと思い、執筆しました。

　私は島外の出身ですが、大学院生の頃より島に通い始め、多くのおじいちゃん、
おばあちゃんに教えてもらいながら、しまむにの文法を勉強してきました。

　初めに覚えたことばは「がんがん（そうそう）」「あべー（あら）」の２語でしたが、
研究を続けるうちに、しまむにの単語を覚え、文法の仕組みが段々とわかり、少し
ずつしまむにで会話できるようになりました。

　島の方言は集落ごとに異なりますが、その「仕組み」には共通する部分がたくさん
あります。まずは、本書でその仕組みを概観していただけたら嬉しいです。

　その上で、単語の１つ１つ、発音の仕方、活用の変化などには、集落ごと（時には
世代ごと）にも違いがあると思います。

　本書は、国頭集落のことば（国頭方言）をベースに書かれていますので、本に
登場する例文や単語を、自分の集落では何と言うか、ぜひ確認し、書き込みながら
使ってください。そして自分なりの文法書に育てていって下さったら嬉しいです。

　しまむにはユネスコの危機言語（いま何もしなければ、なくなってしまう言語）
の１つとして数えられていますが、今でも町の中、集落の中で、生き生きと使わ
れていることばです。

　これからも、日本語や他の地域のことばと共に、しまむにが聞こえる
世界を残していくために、この本がその一助となることを願っています。

奄美大島

徳之島

沖永良部島

与論島

沖縄本島

0から学べる島むに読本　目次

しまむに音節表 ・・・・・・・・・・・・・・・・・・ 6

? 1 しまむに概論

1-1 しまむにってどんなことば？ ・・・・・・・ 8

1-2 しまむにの地域差 ・・・・・・・・・・・ 12

♪ 2 音

2-1 日本語としまむにの音の対応 ・・・・・18

2-2 日本語にない音 ・・・・・・・・・・・・20

🌱 3 語と活用

名詞

3-1 人称代名詞 ・・・・・・・・・・・・・・・24

3-2 指示語 ・・・・・・・・・・・・・・28

3-3 疑問詞 ・・・・・・・・・・・・・・・32

3-4 数詞 ・・・・・・・・・・・・・・・39

動詞

3-5 動詞の基本構造 ・・・・・・・・・・・41

3-6 動詞の意志形「〜よう」・・・・・・・46

3-7 動詞の命令形「〜なさい」・・・・・・48

3-8 動詞の禁止形「〜するな」・・・・・・50

3-9 動詞の条件形「〜ば」・・・・・・・52

3-10 動詞の連用形「〜(ながら／たい)」・・・54

3-11 動詞のテ形「〜て」・・・・・・・・・58

3-12 動詞の否定形「〜ない」・・・・・・・61

3-13 動詞の非過去形「〜る」・・・・・・・64

3-14 動詞の丁寧形「〜ます」・・・・・・・67

3-15 動詞の過去形「〜た」・・・・・・・71

3-16 動詞の進行形「〜している」・・・・・73

3-17 動詞の否定継起形「〜なくて」・・・・・・・75

3-18 動詞の否定過去形「〜なかった」・・・・・・77

3-19 動詞の肯否疑問形「〜?」・・・・・・・・・80

3-20 動詞のWH疑問形「(何を)〜?」・・・・・・84

3-21 存在を表す動詞 ・・・・・・・・・・・・88

3-22 不規則動詞 ・・・・・・・・・・・・・92

3-23 です・だった・じゃない ・・・・・・・・・96

その他の品詞

3-24 形容詞 ・・・・・・・・・・・・・・・・・・・100

3-25 副詞・接続詞・感動詞 ・・・・・・・・・104

✏ 4 文法

4-1 主語と目的語を表す助詞 ・・・・・110

4-2 所有を表す助詞 ・・・・・・・・・112

4-3 いろいろな助詞 ・・・・・・・・・・114

4-4 焦点助詞「どぅ」・・・・・・・・・118

4-5 終助詞・・・・・・・・・・・・・・・122

4-6 いろいろな文の作り方 ・・・・・・・・・124

4-7 文のつなげ方 ・・・・・・・・・・・・・127

💬 5 会話教材

5-1 いろいろなあいさつ ・・・・・・・・・132

5-2 自己紹介 ・・・・・・・・・・・・・・134

5-3 しまむにを学ぶ時に便利なフレーズ 136

5-4 場面別会話集 ・・・・・・・・・・・・137

練習問題の答え ・・・・・・・・・・・・・・148

付録① しまむに最初の100語 ・・・・・・152

付録② 主な動詞の活用 ・・・・・・・・・156

4

本書の使い方

　本書は、筆者が2010年〜2020年にかけて、沖永良部島において調査を行った知見に基づき執筆しております。話者の方に確認しながら作りましたが、もし間違いなどありましたら、ご教示いただけますと幸いです。

　しまむには集落差が大きく、また同じ集落の方言の中でも世代差があります。本書に書いていることを参考にしながら、実際にそれぞれの地域で何と言うか、どんな発音をするのか、ぜひ自分で聞き取りをしながら使ってください。

　また、1つ1つの課について、説明の動画を順次公開していきますので、そちらも合わせてご利用ください。

教材に関する動画はこちらで配信しています ▶

https://sites.google.com/view/shimamuni-dokuhon/

〈表記について〉

● この本では、助詞の前に「＝」をつけています。
● ヤ行のイ段を「い゙」　エ段を「いぇ」　ワ行のウ段を「をぅ」と表します。
● 「馬」や「魚」を方言で言う時の最初の音を「 ′ 」で表します。
● 説明の都合上、複数のローマ字表記があるものがあります。

　ちゃ：cha, cya　ち：ci, chi, cyi　ちゅ：chu, cyu　ちょ：cho, cyo

　し：si, syi　じゃ：zya, ja　じ：zi, zyi, ji　じゅ：zyu, ju　じょ：zyo, jo

しまむに音節表

この本で使う「かな」の一覧です。平仮名で表記した音は、これまでに42集落のどこかの方言の中で見つかった音です。アルファベットで表記した音は、"まだ見つかってないけど あるかもしれない" 音を含んでいます。

色が塗ってあるヨコ列は母音を、タテ列は子音を表していて、その組み合わせで1つの「音」が決まります。

	a	i	u	e	o
Ø	あ a	い i	う u	え e	お o
k	か ka	き ki	く ku	け ke	こ ko
ky	きゃ kya	 kyi	きゅ kyu	 kye	きょ kyo
g	が ga	ぎ gi	ぐ gu	げ ge	ご go
gy	ぎゃ gya	 gy	ぎゅ gyu	 gye	ぎょ gyo
s	さ sa	し si	す su	せ se	そ so
sy	しゃ sya	し syi	しゅ syu	しぇ sye	しょ syo
z	ざ za	じ zi	ず zu	ぜ ze	ぞ zo
zy / j	じゃ zya / ja	じ zyi / ji	じゅ zyu / ju	じぇ zye / je	じょ zyo / jo
t	た ta	てぃ ti	とぅ tu	て te	と to
tʔ	'た tʔa				
d	だ da	でぃ di	どぅ du	で de	ど do
dy	でゃ dya	 dyi	 dyu	 dye	 dyo
ts	つぁ tsa	 tsi	つ tsu	 tse	 tso
ch / cy	ちゃ cha/cya	ち chi/cyi	ちゅ chu/cyu	ちぇ che/cye	ちょ cho/cyo
n	な na	に ni	ぬ nu	ね ne	の no
ny	にゃ nya	 nyi	にゅ nyu	 nye	にょ nyo
nʔ	'な nʔa	 nʔi	 nʔu	 nʔe	 nʔo
nʔy	'にゃ nʔya	 nʔyi	 nʔyu	 nʔye	 nʔyo

	a	i	u	e	o
h	は ha	ひ hi	 hu	へ he	ほ ho
hy	ひゃ hya	ひ hyi	ひゅ hyu	 hye	ひょ hyo
f	ふぁ fa	ふぃ fi	ふ fu	 fe	 fo
p	ぱ pa	ぴ pi	ぷ pu	ぺ pe	ぽ po
py	ぴゃ pya	 pyi	ぴゅ pyu	 pye	ぴょ pyo
b	ば ba	び bi	ぶ bu	べ be	ぼ bo
by	びゃ bya	 byi	びゅ byu	 bye	びょ byo
m	ま ma	み mi	む mu	め me	も mo
my	みゃ mya	 myi	みゅ myu	 mye	みょ myo
mʔ	'ま mʔa	'み mʔi	'む mʔu	'め mʔe	'も mʔo
mʔy	'みゃ mʔya	 mʔyi	 mʔyu	 mʔye	 mʔyo
y	や ya	いゞ yi	ゆ yu	いぇ ye	よ yo
ʔy	'や ʔya	 ʔyi	'ゆ ʔyu	 ʔye	'よ ʔyo
r	ら ra	り ri	る ru	れ re	ろ ro
ry	りゃ rya	 ryi	りゅ ryu	 rye	りょ ryo
w	わ wa	 wi	をぅ wu	 we	を wo
ʔw	'わ ʔwa	 ʔwi	 ʔwu	 ʔwe	 ʔwo
kw	くゎ kwa	 kwi	 kwu	 kwe	 kwo
	ん N	ー 母音の連続	っ 子音の連続		

1 しまむに概論

この章では、しまむにの言語としての
特徴と、地域差について学びます。

しまむにってどんなことば❓

1. しまむにってどんなことば？

「しまむに」とは、奄美群島沖永良部島で話されていることばです。「島」または「集落」をあらわす「しま」と、「ことば」を表す「むに」で「しまむに（沖永良部のことば）」という意味になります。

「しまむに」は、奄美群島から沖縄の先島諸島で話されている「琉球のことば（琉球諸語）」の仲間です。日本で話されている言語は、大きく、アイヌ語、日本語、そして琉球諸語に分けられます。そして、琉球諸語はさらに細かく分けることができます。

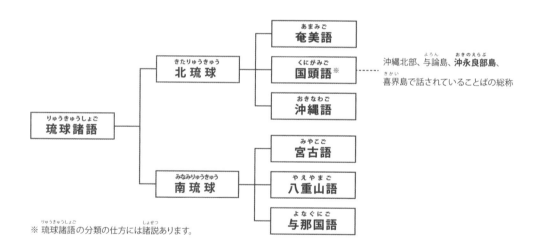

沖縄北部、与論島、沖永良部島、喜界島で話されていることばの総称

※ 琉球諸語の分類の仕方には諸説あります。

日本語と琉球語がいつ、どのように分かれたかについては、いろいろな説があります。しかし、少なくとも1300年以上前に分かれたのではないかと言われています。その証拠に、琉球のことばには、上代日本語（奈良時代以前の日本語）にはあったものの、現代の日本語には残っていない音や文法の特徴が、今でも残っています。

2. 危機言語としてのしまむに

世界には6000から7000の言語がありますが、その多くは話す人が急速に減っており、近い将来、消滅するかもしれないと言われています。そこで、UNESCO（ユネスコ）は、危機的な状態にある言語の記録と復興を目的として「危機言語地図（Atlas of the World's Languages in Danger）」を発表しました。その地図には、日本語から8つの言語（Ainu, Hachijo, Amami, Kunigami, Okinawa, Miyako, Yaeyama, Yonaguni）が載りました。しまむにも、沖縄北部・与論島・喜界島のことばと共に Kunigami language（国頭語）として掲載され、このままでは消滅する恐れがあると考えられています。

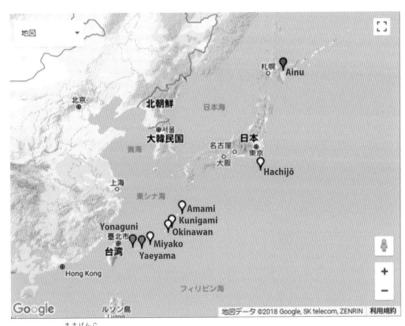

日本の中の危機言語　http://www.unesco.org/languages-atlas/

しかし、危機言語は「いま何もしなければ、消滅する恐れがある言語」である一方で「**いま何かをしたら、次の世代まで伝えることができる言語**」です。しまむにを知っているアジ（おばあちゃん）やジャージャ（おじいちゃん）にいろいろなことを教えてもらい、未来に貴重な島の文化を引き継いでいきましょう。

3．しまむにの面白いところ

　日本語と琉球諸語は遠い昔に同じ祖先から分かれたことばです。このため、琉球のことばは日本語の古い特徴を持っています。一方で、琉球のことばは島々に独自の歴史を歩んだことから、日本語には無い特徴や、世界的に見ても珍しい特徴もあります。ここでは、世界の言語と比べて珍しいしまむにの特徴を2つ紹介します。

3-1 疑問文は上がる？下がる？

　日本語では「お腹すいた？」と聞くとき、どんなふうに発音しますか？日本語を始め、世界の多くの言語では、「はい/いいえ」で答えられる疑問文を「上昇調のイントネーション⤴」で発音します。それでは、しまむにではどうなるでしょうか？

　左下の図は「アリワ　ヒブシドー（あれは煙だ）」という普通の文、右下の図は「アリワ　ヒブシナー？（あれは煙か？）」という疑問文の、音の高さを測ったものです。左の図が高く平らに終わっているのに対して、右の図では最後に急に下がっていることが分かります。

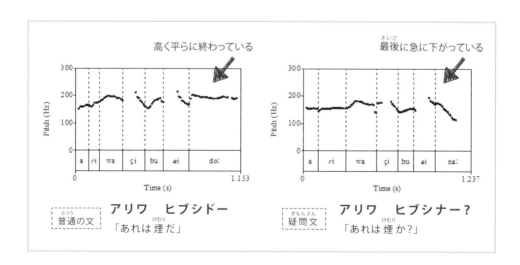

ここから分かるように、しまむにの珍しい特徴の1つは「**はい/いいえで答えられる疑問文で下降調のイントネーションを使う**」ということです。

3-2 格：主語と目的語の印のつけ方

「格」とは、かんたんに言うと「**主語や目的語などに印をつける仕組み**」です。

主語は、おもに「動作をする人」、目的語は、おもに「動作の対象になる人やもの」を表します。例えば、(1) の文では「**太郎**」が主語、「**ご飯**」が目的語です。

> (1) **太郎 が ご飯 を 食べた**
> 　　　　主語　　目的語

この「主語」や「目的語」に印をつけるとき、日本語では、主語には「**が**」、目的語には「**を**」をつけます。この印のおかげで、語順が変わっても、意味を間違えません。

「主語」や「目的語」への印のつけ方には4通りがあります。このうち「**③主語だけに印をつける**」言語はとても珍しく、これまで数例しか報告されていません。

> ① どちらにも印をつける。←日本語
> ② 目的語だけに印をつける。
> ③ 主語だけに印をつける。←しまむに
> ④ どちらにも印をつけない。
> （別の手段を使って、主語・目的語を表す）

それでは、しまむにはどうなっているでしょうか?

(2)は「さぶがご飯を食べた」、(3)は「お母さんが私を呼んだ」という文です。

> (2) **サブ ガ メー ☐ カダン**
> 　　 さぶ が ご飯 を 食べた
>
> (3) **アマ ガ ワン ☐ アビタン**
> 　　 お母さん が 私 を 呼んだ

(2)の主語「**さぶ**」と(3)の主語「**アマ**（お母さん）」には、どちらも「**ガ**」がついています。

一方、(2)の目的語「**メー**（ご飯）」と(3)の目的語「**ワン**（私）」には何もついていません。

つまり、しまむにには「**③主語だけに印をつける**」言語だと言えます。

まとめ

- しまむには琉球のことばの仲間。
- 危機言語（何もしなければ無くなってしまうかもしれない言語）の1つ。
- 日本語には無い特徴や、世界の言語と比べて珍しい特徴がある。

しまむにの地域差

　奄美諸島には、昔から「水がちがえば、ことばがちがう」ということわざがあります。その
ことばの通り、しまむにもシマ（字・集落）ごとにいろいろな地域差があります。この教材で
も、できるだけ多くの方言を取り上げようとしていますが、すべての方言がカバーできている
わけではありません。しまむにを学ぶ時には、ぜひ「**自分の集落ではなんというのだろう?**」
ということを気にかけてみてください。

　しまむにの地域差には、大きく分けて、①**音の地域差**、②**文法の地域差**、③**語彙の
地域差**、④**アクセントやイントネーションの地域差**があります。

1. 音の地域差

　しまむにの一番の地域差は「**わきゃ・わちゃの違い**」が有名です。「わきゃ・わちゃ」の
地域差とは、(1)のように「**き・きゃ**」という音を使うのか、同じところを (2)のように「**ち・ちゃ**」
と発音するのか、という違いです。

(1)　**わきゃ**　「私」　／　**き**ばら　「着物」　・・・・田皆集落

(2)　**わちゃ**　「私」　／　**ち**ばら　「着物」　・・・・国頭集落

　言語の一般的な変化から考えると、「き・きゃ」の方が古い音で、「ち・ちゃ」はそこから変化
した音だと考えられています。沖永良部島の面白いところは、この「き・きゃ」を使う方言と、
「ち・ちゃ」を使う方言が、島のほぼ真ん中で2つに分かれていることです。

下の図は「肝」という単語をどのように発音するかを、42集落で調査したものです（奥間・真田1983をもとに作った地図です）。この地図をみると、島の西側では「肝」のことを「**キム**」というのに対し、島の東側では「**チム**」ということが分かります。面白いのは、その境界線が今の町の境界というよりも、「方」という区分があった時代（安政4年〜明治13年）の境界線に近いことです。こうした方言区画には、水系（西側は大山水系、東側は越山水系）による生活圏の違いが関わっているという説があります。

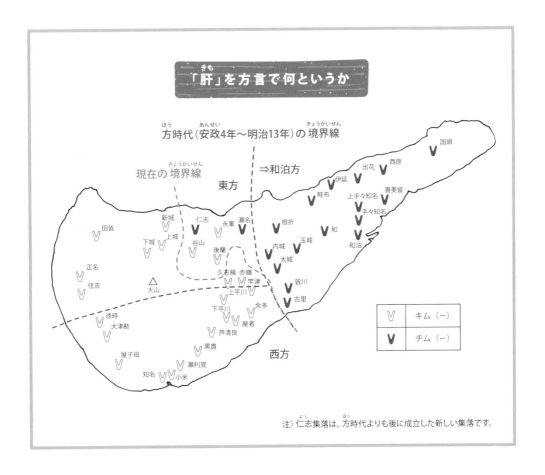

注) 仁志集落は、方時代よりも後に成立した新しい集落です。

【引用文献】奥間透・真田信治 (1983)「沖永良部島における口蓋化音の分布域」『琉球の方言』8:145-166. 法政大学沖縄文化研究所

2. 文法の地域差

実は**文法にも地域差があります**。しまむにを動詞の変化の仕方で分けると、最西部の地域（イーシマ）と、それ以外の地域に分かれます。

島の多くの地域では「笑う」を「**ワロユン**」と言いますが、イーシマでは「**ワロイム**」とか「**ワロイ**」と言います。動詞の基本の形にも地域差があるということです。

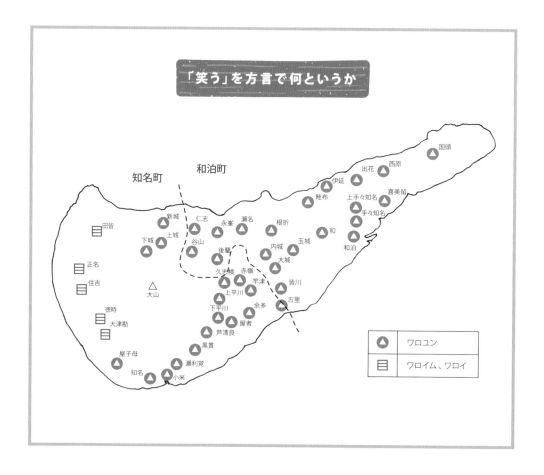

【参考文献】上野善道 (1997)「沖永良部島諸方言の用言のアクセント資料」『アジア・アフリカ文法研究』26: 123-233. 東京外国語大学アジア・アフリカ言語文化研究所

3. 語彙の地域差

音や活用が規則的に変わる「音の地域差」、「文法の地域差」のほかに、単語の形が違う「語彙の地域差」があります。**特に、虫や小さな生き物の名前には、地域差がよく表れます。**

下の図は、秋に鳴くセミ（クロイワツクツク）を、それぞれの集落で何と呼ぶかを表した図です。和泊町では広く「**シーワイ**」と呼ぶのに対して、知名町では「**クーワ**」「**クーイェ**」「**グーワイ**」などいろいろな言い方をしていることが分かります。これは、セミの鳴き声をなんと聞くか？という「聞き方」の違いです。音の「聞き方」が違うというのも面白いですね。まだ調べられていない集落もあるので、**ぜひみなさんの集落ではなんというのか、聞いてみてください。**

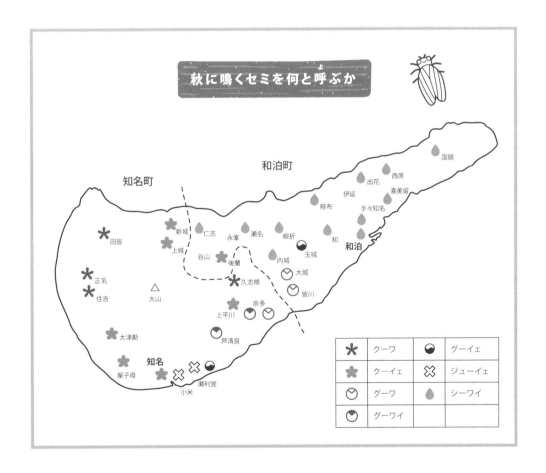

✱	クーワ	◐	グーイェ
✿	クーイェ	✖	ジューイェ
◔	グーワ	💧	シーワイ
◑	グーワイ		

4. アクセントやイントネーションの地域差

「アクセント」とは、単語の中の音の上がり下がり、「イントネーション」とは、文の中の音の上がり下がりをさします。この「アクセント・イントネーション」は地域差が一番でるところで、方言を話す人は「あれは正名節（正名集落のアクセント）だ」とか、「あれは喜美留の人だね」とか、発音を聞くだけでどこの集落の人か言い当ててしまいます。そんな豊かな地域差のあるアクセント・イントネーションですが、多くの集落のアクセントは、まだその体系が解明されていません。

　まずは**色々な単語や文を、集落の人から聞いて、真似してみることで、だんだんとその地の節を身につけていきましょう。**

練習問題 **それぞれの単語を、自分の集落ではなんというか聞いてみましょう。**

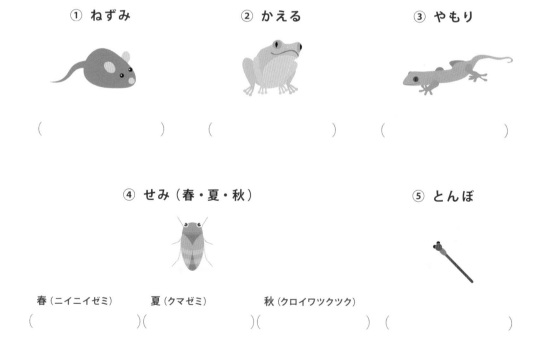

① ねずみ

(　　　　　　　)

② かえる

(　　　　　　　)

③ やもり

(　　　　　　　)

④ せみ（春・夏・秋）

春（ニイニイゼミ）　　夏（クマゼミ）　　秋（クロイワツクツク）
(　　　　　)(　　　　　)(　　　　　　　)

⑤ とんぼ

(　　　　　　　)

2 音

この章では、しまむにの音の特徴と、
日本語との対応について学びます。

日本語としまむにの音の対応

ポイント

1 日本語の「オの段」は、しまむにの「ウの段」

2 日本語の「エの段」は、しまむにの「イの段」

3 日本語の語頭の「カの行」は、しまむにの「ハの行」

　しまむには琉球のことば（琉球諸語）の仲間です。日本語と琉球諸語は、遠い昔に同じ祖先から分かれたことばなので、基本的な単語の60%〜70%が、同じ語源を持っています。そして、同じ語源を持つ単語同士には、規則的な音の対応があります。この「**音の対応**」が分かると、日本語からしまむにの単語を予想することができます。ここでは、日本語としまむにの「**音の対応3大ルール**」を紹介します。

ルール1 ＜ 日本語のオ（o）の段は、しまむにのウ（u）の段

　日本語の**オ（o）**の段は、しまむにの**ウ（u）**の段になります。例えば、体の「腿（もも）」は、オの段をウの段に変えると「むむ」となるので、しまむにでは「むむ」と予想できます。

日本語	しまむに
腿（もも：momo）	むむ（mumu）
10（とお：too）	とぅー（tuu）
星（ほし：hosi）	ふし（husi）

ルール2 ＜ 日本語のエ（e）の段は、しまむにのイ（i）の段

　日本語の**エ（e）**の段は、しまむにの**イ（i）**の段になります。例えば、「雨」は、エの段をイの段に変えると「あみ」となるので、しまむにでは「あみ」と予想できます。

日本語	しまむに
目（め：me）	みー（mii）
根（ね：ne）	にー（nii）
雨（あめ：ame）	あみ（ami）

ルール3 〉 日本語の語頭のカ（k）の行は、しまむにのハ（h）の行

　日本語の語頭の**カ（k）**の行は、しまむにの**ハ（h）**の行になります。例えば、「鏡（かがみ）」は、語頭のカの行をハの行に変えると「はがみ」となるので、しまむにでは「はがみ」と予想できます。このカの行とハの行の対応は、琉球のことばの中でも、沖永良部・与論・沖縄北部の方言だけが持っている特徴です。

日本語	しまむに
木（き：ki）	ひー（hii）
肩（かた：kata）	はた（hata）
鏡（かがみ：kagami）	はがみ（hagami）

練習問題

　いろいろな体の部分の名前を、自分の集落ではなんというか聞いてみましょう。
そして、日本語と音の対応がある単語を探してみましょう。

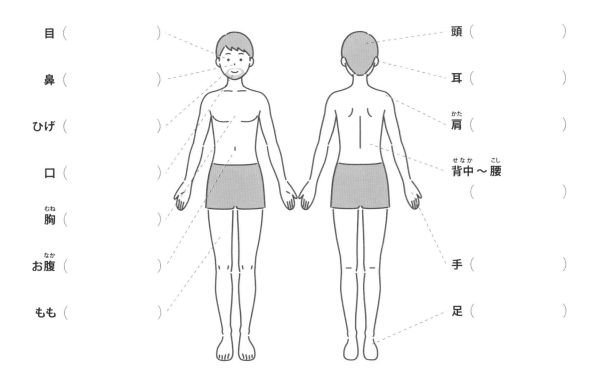

目（　　　　　）
鼻（　　　　　）
ひげ（　　　　　）
口（　　　　　）
胸（　　　　　）
お腹（　　　　　）
もも（　　　　　）

頭（　　　　　）
耳（　　　　　）
肩（　　　　　）
背中〜腰（　　　　　）
手（　　　　　）
足（　　　　　）

日本語にない音

ポイント

1 日本語にはない段を使う音がある。（例えば、てぃー「手」、とぅー「10」など）

2 「喉をしめる音」がある。（例えば、'わー「豚」、'ゆー「魚」など）

3 小さな「ゎ」を使う音がある。（例えば、くゎー「子」、みーぐゎー「次男」など）

1. 日本語にない段

1-1 た・だ行	① てぃ	② とぅー	③ でぃ	④ どぅ
		10		
	てぃー 「手」	とぅー 「10」	うーでぃー「カブ」	どぅー 「自分」

1-2 ち行	① ちぇ (che)	② じぇ (je)
	あちぇー? 「歩いたの?」	くるまし いじぇー? 「車で行ったの?」

1-3 や行	① い゙ (yi) [1]	② いぇ (ye)
	い゙んが 「男」	いぇー 「祝い」

1-4 わ行	① をぅ (wu) [2]	1-5 ふ行	① ふぁ
	をぅなぐ 「女」		ふぁー 「葉」

[1] い゙ ：や行のイ段の音です。yi と発音するイメージで発音してください。

[2] をぅ：わ行のウ段の音です。wu と発音するイメージで発音してください。

20

2. 喉をしめる音

しまむにで「馬」と言ったり、「魚」と言うとき、語の最初で、一度喉をしめてから、一気に発音します。この音は、専門的には「声門閉鎖音」といいます。語の頭に「っ」（小さい「つ」）を言うようにすると、発音できます。このテキストでは、この「っ」を「 ' 」という記号で表します。

発音してみよう！

（1）'まー（っまー）　　　（2）'ゆー（っゆー）

（3）'わー（っわー）　　　（4）'よー（っよー）

2-1 'ま行	① 'ま	② 'む	③ 'め	④ 'も
	'まー 「馬」	'むーゆん 「思う」	'めーゆん ／ 'もーゆん 「いらっしゃる」	

2-2 'や行	① 'や	② 'ゆ	③ 'よ
	'やー 「ねぇ」	'ゆー 「魚」	'よー 「洞窟」

2-3 'みゃ行	① 'みゃ	2-4 'わ行	① 'わ
	'みゃー 「猫」		'わー 「豚」

3. 「ゎ」（小さな「わ」）を使う音

小さな 「ゎ」	① くゎ	② ぐゎ
	くゎー 「子ども」	はなしぐゎー 「可愛い子ども」

memo

3 語と活用

この章では、しまむにの名詞、動詞、形容詞、副詞、接続詞、感動詞について学びます。

人称代名詞

ポイント

1. しまむにの人称代名詞には、単数・複数の他に「**2つの人（双数）**」を表す言い方がある。

2. 2人称代名詞（英語のyou）には、**目上の人などに使う「なた（あなた）」**と、

同級生や年下に使う「うら（あんた）」の2種類がある。

1. 人称代名詞の体系

「これ」「私」「君」など、そのものの名前を使わずに、人やモノを指し示す語を「代名詞」と言います。中でも「私」「君」のように、人を指す語は「**人称代名詞**」と呼ばれ、話し手（= 私, I）を指す語を「**1人称代名詞**」、聞き手（=君, you）を指す語を「**2人称代名詞**」と言います。この課では、しまむにの1・2人称代名詞について学びます。

表1. しまむにの1・2人称代名詞

	単数（1人）			双数（2人）[1]	複数（数人）
私	わ 「私（が）」	わー／わん／わぬ 「私（の）」	わぬ／わな 「私（は）」	わてー 「私たち2人」	わきゃ／わちゃ[2] 「私たち」
あんた （同年や年下） **非尊称形**	うら 「あんた」			うてー 「あんたたち2人」	うきゃ／うちゃ[3] 「あんたたち」
あなた **尊称形**	なた 「あなた」			―	なたたー 「あなた方」

1 双数形は他に「なてー（あの人たち2人）」という形がありますが、この語については位置づけが良く分かっていません。

2 西部方言では「わきゃ」、東部方言では「わちゃ」などと言います。島内方言の地域差については、1-2「しまむにの地域差」も参考にしてください。

3 西部方言では「うきゃ」、東部方言では「うちゃ」などと言います。

　しまむにの1・2人称代名詞の体系的な特徴として、まず2人称（you）に、目上の人やあまり親しくない人に使う「**尊称形**」と、同年代の人や目下・親しい人に使う「**非尊称形**」があります。尊称形は「**なた**」系の形になります。

24

もう1つ、とても面白い特徴(とくちょう)は、1人を表す単数形、数人を表す複数形(ふくすう)の他に、2人を表す「双数形(そうすう)」があることです。これは、アラビア語などに有名ですが、日本諸方言では、奄美諸方言(あまみしょほうげん)にしか見つかっていません。どういうことかと言うと、日本語や英語では、「私(わたし)(1人)」に対して「私(わたし)たち(2人以上)」、「I(1人)」に対して「we(2人以上)」のように、単数と複数(ふくすう)の区別しかありませんが、しまむの場合は、わー「私(わたし)(1人)」、わきゃ「私(わたし)たち(2人以上)」の他に「わてー」という「2人」の時だけを表せる単語があるのです。

わ「私(わたし)」
うら「あんた」

わてー「私(わたし)たち2人」
うてー「あんたたち2人」

わきゃ／わちゃ「私(わたし)たち」
うきゃ／うちゃ「あんたたち」

2. いろいろな「私(わたし)」

　表1を見て分かる通り「私(わたし)」を表す語は、後ろに続く助詞によって形が変わったり、また地域差(ちいきさ)もあります。ここでは国頭集落(くにがみしゅうらく)の例をあげるので、みなさんの集落でどうなっているかも聞いてみましょう。

---

(1) 　　わ=※　が　しゅん
　　　　　私=が　　する
　　　　　「私(わたし)がする」

← 助詞(じょし)の「が」が後ろに来るときは「わ(私(わたし))」という形になります。
これは、全島的に同じだと思われます。

---

(2) 　わー／わん　やー=わ　うり=どやー
　　　　私の　　　　家=は　　それ=だよ
　　　　「私(わたし)の家はそれだよ」

←「私(わたし)の」と言うときには「わー」もしくは「わん」を使い、助詞(じょし)はつけません。
（4-2も見てください）

---

(3) 　　わな　みつこ　でぃろ
　　　　　私は　みつこ　です
　　　　　「私(わたし)はみつこです」

←「私(わたし)は」と言うときには「わな」という形を使います。
「わぬ=わ」という地域もあります。

---

(4) 　わぬ=とぅ　をぅどぅてい　くりり
　　　　私=と　　おどって　　ください
　　　　「私(わたし)と踊(おど)ってください」

← 上で述(の)べた以外の助詞(じょし)（「と」「に」「から」等(など)）を付ける時には「わぬ」や「わん」を使います。

※ このテキストでは、他のことばと区別するために、助詞(じょし)の前に「=」をつけています

3. 複数の形

名詞を複数形にするには、日本語の「たち」にあたる「きゃ／ちゃ」「たー」等を語の後ろにつけます。

1・2人称非尊称形は、単数形の「わ」「うら」の語頭音に、それぞれ「きゃ／ちゃ」がついた「わきゃ／わちゃ（私たち）」、「うきゃ／うちゃ（あんたたち）」、2人称尊称形は、単数形の「なた」に「たー」がついた「なたたー（あなた方）」となります。

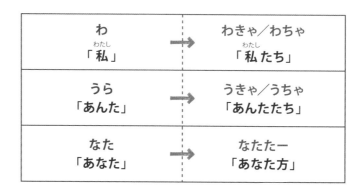

わ 「私」	→	わきゃ／わちゃ 「私たち」
うら 「あんた」	→	うきゃ／うちゃ 「あんたたち」
なた 「あなた」	→	なたたー 「あなた方」

4. 使ってみよう

表1の人称代名詞を、いろいろな文章の中で使ってみましょう。

うら　　たる＝よー？
あんた　　だれ＝か
「君はだあれ？」

わぬ＝わ／わな　みちこ　でぃろ
私＝は　　　　みちこ　です
「私はみちこです」

たる＝が　わー／わん　くゎーし　かでぃ＝よー？
だれ＝が　　私の　　おかし　　食べた＝の
「誰が私のお菓子を食べたの？」

わ＝が　かだん＝どー
私＝が　食べた＝よ
「私が食べたよ」

うてー＝わ　　みちゅん＝やー
あんたたち2人＝は　似ている＝ね

「あんたたち2人は似ているね」

わてー＝わ　　ふぁろじ＝どやー
私たち2人＝は　親戚＝だよ

「私たち2人は親戚だよ」

うり　　'まさぎさん＝やー
それ　　おいしそう＝ね

「それ、おいしそうね〜」

なた＝から　　おいしり＝よー
あなた＝から　めし上がれ＝ね

「あなたから、お召し上がりくださいね」

うきゃ／うちゃ　　たる＝よー？
あんたたち　　だれ＝か？

「あんたたちだれ？」

わきゃ／わちゃ　　たかし＝が　　ふぁろじ＝どやー
私たち　　たかし＝の　　親戚＝だよ

「私たち、たかしの親戚だよ」

なたたー＝わ　　うだ＝から　　きゃーぶてぃ／ちゃーぶてぃ[1]＝よー？
あなた方＝は　どこ＝から　　来ました＝か

「あなた方はどこから来ましたか？」

わきゃ／わちゃ　　おーさか＝から　　きちゃん＝どー
私たち　　大阪＝から　　来た＝よ

「私たち、大阪から来たんだよ」

1 西部方言では「きゃーぶてぃ」、東部方言では「ちゃーぶてぃ」などと言います。

3-1　人称代名詞

指示語

ポイント

1. しまむにの指示語の体系は日本語と大体同じで、話し手との近さなどから
「近称」・「中称」・「遠称」の3つに分かれる。

2. 「ふり（これ）」「うり（それ）」「あり（あれ）」が、物だけでなく人も指す。

1. 指示語

　日本語の「**これ・それ・あれ**」のように、話し手の位置によって、指す対象が変わる語は「**指示語**」と呼ばれます。しまむにの指示語の体系は、日本語の指示語と大体同じで、話し手との近さなどによって**近称・中称・遠称**の3つに分かれます。

2. しまむにの「これ・それ・あれ」「この・その・あの」

　物を指すとき、話し手の近くにあるものを指すときは「**ふり**（これ）」、聞き手の近くにあるものを指すときは「**うり**（それ）」、話し手からも聞き手からも遠くにあるものを指すときは「**あり**（あれ）」を使います（表1）。

表1. しまむにの「これ・それ・あれ」「この・その・あの」

	近称	中称	遠称
これ	ふり 「これ」	うり 「それ」	あり 「あれ」
これ・この	ふん 「これ・この」	うん 「それ・その」	あん 「あれ・あの」
この	ふぬ 「この」	うぬ 「その」	あぬ 「あの」

ふり
「これ」

うり
「それ」

あり
「あれ」

この「**ふり・うり・あり**」は、人に対しても使うことができます。例えば（1）のように、少しはなれたところにいる人を指して「あの人は〜」と言うときには「**あり**」を使います。

（1）	あり＝※わ　　たかし＝が　　とぅじ＝でゃー
	あの人＝は　　　たかし＝の　　　つま＝だよ
	「あの人はたかしの奥さんだよ」

「**この・その・あの**」にあたることばとしては、それぞれ「**ふん/ふぬ**」「**うん/うぬ**」「**あん/あぬ**」があります。

（2）	あぬ　をぅなぐ＝わ　　たかし＝が　　とぅじ＝どーやー
	あの　　女＝は　　　たかし＝の　　　つま＝だよ
	「あの女の人はたかしの奥さんだよ」

3. しまむにの「こう・そう・ああ」「こんな・そんな・あんな」

日本語の「**こう**」「**こんな**」「**こうして**」…に当たるしまむにには表2の通りです。近称（きんしょう）は「**は〜**」、中称（ちゅうしょう）は「**が〜**」、遠称（えんしょう）は「**あ〜**」系のかたちをしています。

表2. しまむにの「こう・そう・ああ」「こんな・そんな・あんな」

	近称（きんしょう）		中称（ちゅうしょう）		遠称（えんしょう）	
こう	はん	「こう」	がん	「そう」	あがん	「ああ」
こんな	はんしゃぬ	「こんな」	がんしゃぬ	「そんな」	あがんしゃぬ	「あんな」
こうして こんなに	はんし	「こうして」 「こんなに」	がんし	「そうして」 「そんなに」	あがんし	「ああして」 「あんなに」

（3）	はん　　しりば　　ゆくゎん＝どー
	こう　　すれば　　　いい＝よ
	「こうすればいいよ」

（4）	たる＝が　　はんしゃぬ　　くとぅ　　しーよー？
	だれ＝が　　こんな　　　こと　　　したの
	「誰がこんなことしたの？」

※ このテキストでは、他のことばと区別するために、助詞（じょし）の前に「＝」をつけています

(5)	あがんし	きらさぬ／ちゅらさぬ[1]	ちゅー＝わ	うらん
	あんなに	きれいな	人＝は	いない

「あんなにきれいな人はいない」

[1] 西部方言では「きらさぬ」、東部方言では「ちゅらさぬ」などと言います。

　「**がん**」は「**がんがん**（そうそう）」「**がんでぃろなー？**（そうですか？）」「**がんでぃろやー**（そうですね）」など、様々な相づちにもなります。

4. 場所を表す指示語（しじご）

　場所を指すとき、話し手の近くを指すときは「**まー**（ここ）」、聞き手の近くを指すときは「**'まー**（それ）」、話し手からも聞き手からも遠くを指すときは「**あま**（あそこ）」を使います。「**まー**（ここ）」は日本語のマ行と同じ「ま」、「**'まー**（そこ）」は「**っまー**」のように喉（のど）をしめる発音です。

表3. 場所を表す指示語（しじご）

	近称（きんしょう）	中称（ちゅうしょう）	遠称（えんしょう）
ここ	まー 「ここ」	'まー 「そこ」	あま 「あそこ」

(6)	わらんきゃ／わらんちゃ[2]	まー＝ち	ふー
	子どもたち	ここ＝へ	来い

「子どもたち、こっちへおいで」

[2] 西部方言では「わらんきゃ」、東部方言では「わらんちゃ」などと言います。

(7)	'まー＝に	うぬ	'まー
	そこ＝に	いる	馬

「そこにいる馬」

5. 使ってみよう

　次の文を使って、いろいろなものの名前をたずねてみよう。聞かれた人は、好きなことばをえらんで、答えてみよう。

うり＝わ　ぬー＝よー？
それ＝は　　何＝か

「それはなあに？」

ふり＝わ　（　　　　　　　）でぃろ
これ＝は　（　　　　　　　）　です

「これは（　　　　　　　）です」

◇ 身の回りのもの・食べ物の名前

ふでぃ「筆・ペン」

ふくる「袋、バッグ」

めー「ご飯」

しし「肉」

あり＝わ　ぬー＝よー？
あれ＝は　　何＝か

「あれはなあに？」

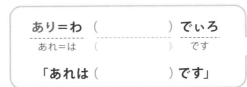

あり＝わ　（　　　　　　　）でぃろ
あれ＝は　（　　　　　　　）　です

「あれは（　　　　　　　）です」

◇ いろいろな動物・自然の名前

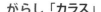

がらし「カラス」

ふぁーとぅー「鳥、小鳥など」

くむ「雲」

てぃだ「太陽」

31

疑問詞

3-3

ポイント

疑問詞には「**たる（だれ）**」「**ぬー（なに）**」「**うだ（どこ）**」「**うどぅる（どれ）**」

「**いち（いつ）**」「**ぬーでぃ（なぜ）**」「**いきゃ／いちゃ（どう）**」 がある。

1. 疑問詞とは

日本語の「だれ」「何」など、疑問文を作るときに使われて、疑問の対象（もの、人、場所など）を表す語を「**疑問詞**」といいます。

表1. 疑問詞

日本語	しまむに	疑問の対象
だれ	たる／たん	人
なに	ぬー	物
どこ	うだ	場所
どれ	うどぅん／うどぅる	選択肢
いつ	いち	時
なぜ	ぬーでぃ いきゃし／いちゃし[1]	理由
どう	いきゃ／いちゃ[2]	方法

1 西部方言では「いきゃし」、東部方言では「いちゃし」などと言います。

2 西部方言では「いきゃ」、東部方言では「いちゃ」などと言います。

2. 7種類の疑問詞

(1) だれ

日本語の「**だれ**」にあたる疑問詞には「**たる**」「**たん**」があります。

うら　　たる／たん ＝※よー？
あんた　　　　だれ＝か

「あんたはだれ？」

わぬ＝ わ／わな　　はなこ＝どー
私＝は／私は　　　花子＝だよ

「私は花子だよ」

(2) なに

日本語の「**なに**」にあたる疑問詞には「**ぬー**」があります。

うり＝わ　ぬー＝よー？
それ＝は　何＝か

「それはなに？」

うり＝わ　　みしげー＝どー
それ＝は　　しゃもじ＝だよ

「それはしゃもじだよ」

(3) どこ

日本語の「**どこ**」にあたる疑問詞には「**うだ**」があります。

うだ＝から　きち＝よー？
どこ＝から　来た＝か

「どこから来たの？」

かごしま＝から　　きちゃん＝どー
鹿児島＝から　　　来た＝よ

「鹿児島から来たよ」

※ このテキストでは、他のことばと区別するために、助詞の前に「＝」をつけています

33

(4) どれ・どっち

日本語の「**どれ・どっち**」にあたる疑問詞には「**うどぅん**」「**うどぅる**」があります。

うどぅん ／ うどぅる ＝が 　たかし＝よー？
　　　　　　　　　　どれ＝が 　　　　たかし＝か

「（写真を見て）**どれがたかし？**」

ふり＝どぅ 　たかし＝どー
これ＝こそ 　　たかし＝だよ

「**これがたかしだよ**」

うどぅん ／ うどぅる 　＝が 　うひさん＝かや？
　　　　　　　　　　　どっち＝が 　　　大きい＝かな

「**どっちが大きいかな？**」

うり＝どぅ 　うひさん＝どー
それ＝こそ 　　大きい＝よ

「**そっちが大きいよ**」

(5) いつ

日本語の「**いつ**」にあたる疑問詞には「**いち**」があります。

いち 　むどぅてぃ 　きち＝よー？
いつ 　　帰って 　　　来た＝の

「**いつ帰って来たの？**」

きんにゅー 　むどぅてぃ 　きちゃん＝どー
昨日 　　　　帰って 　　　来た＝よ

「**昨日帰って来たよ**」

（6）なぜ

日本語の「なぜ」にあたる疑問詞には「**ぬーでぃ**」や「**いきゃし／いちゃし**」があります。

ぬーでぃ　　なちゅい＝よー？
なんで　　　泣いている＝の

「なんで泣いているの？」

'まー＝にてぃ　　ふるだん
そこ＝で　　　　転んだ

「そこで転んだの」

（7）どう

日本語の「どう」にあたる疑問詞には「**いきゃ／いちゃ**」[1]があります。

いきゃ／いちゃ　　しー＝よー？
どう　　　　　　　した＝か

「どうしたの？」

わた＝ぬ　　　やみん＝どー
腹＝が　　　　痛い＝よ

「お腹が痛いよ」

3. 使ってみよう

2. で学んだ疑問詞(ぎもんし)を使って、文を作ってみましょう。

(1) 自己紹介(じこしょうかい)してみよう。

次は少し丁寧(ていねい)な言い方です。

(2) ものの名前を聞いてみよう。

✔ 動物の名前 (しまむに) は、2-2「日本語にない音」で確(たし)かめましょう

36

（3）集落を聞いてみよう

うだ＝から　きち＝よー？
どこ＝から　　来た＝か

「どこから来たの？」

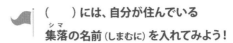

（　　　）には、自分が住んでいる
集落の名前（しまむに）を入れてみよう！

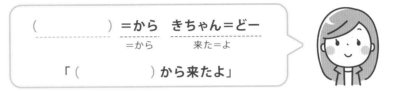

（　　　　　　　）＝から　きちゃん＝どー
　　　　　　　　　　　　＝から　　来た＝よ

「（　　　　　）から来たよ」

（4）問題を出してみよう

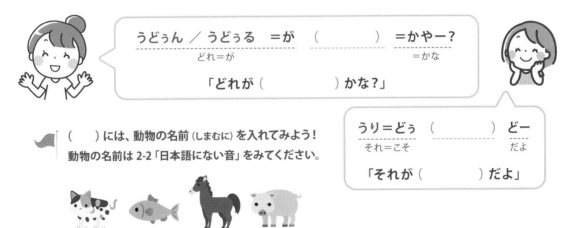

うどぅん ／ うどぅる　＝が　（　　　　）＝かやー？
どれ＝が　　　　　　　　＝かな

「どれが（　　　　　）かな？」

（　　　）には、動物の名前（しまむに）を入れてみよう！
動物の名前は 2-2「日本語にない音」をみてください。

うり＝どぅ　（　　　　　　）どー
それ＝こそ　　　　　　　　だよ

「それが（　　　　）だよ」

（5）いつ行くか聞いてみよう

いち　とーきょーち　いきゅい／ いちゅい[1] ＝よー？
いつ　東京＝へ　　　行く＝の

「いつ東京に行くの？」

なーちゃー　　いきゅん ／ いちゅん ＝どー
明日　　　　　行く＝よ

「明日行くよ」

1 西部方言では「いきゅい」「いきゅん」、東部方言では「いちゅい」「いちゅん」などと言います。

（6）理由を聞いてみよう

ぬーでぃ／いちゃし　　しまむに　　なろとぅい＝よー？
なぜ　　　　　　　　しまむに　　習っている＝か

「なんでしまむにを習っているの？」

（　　　　　　　）とぅに　なろとぅん＝どー
　　　　　　　　＝から　　習っている＝よ

「（　　　　　）から習っているよ」

例　　みじらしゃん（おもしろい）　　はなしぶしゃん（話したい）　　なちかしゃん（なつかしい）

きらさん／ちゅらさん（きれい）　　わかいぶしゃん（わかりたい）

 自分の言いたいことをなんと表現するか、おじいちゃんやおばあちゃんに聞いてみよう

（7）どうしたのか聞いてみよう

いきゃ／いちゃ　しー＝よー？
どう　　　　　した＝か

「どうしたの？」

（　　　　　　　）＝ぬ　やみん＝どー
　　　　　　　　＝が　　いたいよ

「（　　　　　）が痛いよ」

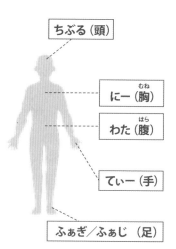

ちぶる（頭）

にー（胸）

わた（腹）

てぃー（手）

ふぁぎ／ふぁじ（足）

38

数詞

数や順番を表す語を**数詞**といいます。数詞は、数を表す部分と、単位を表す部分がくっついてできています。表1は、代表的な数詞をまとめたものです。

表1. 代表的な数詞

数	共通する部分	数えるもの		
		人 「〜人」	生物・物 「〜つ」	回数 「〜回」
1	ちゅ／てぃー	ちゅい	てぃーち	ちゅっけー[1]
2	た	たい	たーち	たっけー
3	み	みちゃい	みーち	みっけー
4	ゆ	ゆたい	ゆーち	ゆっけー
5	いち	—	いちち	いちけー
6	む	—	むーち	むっけー
7	なな	—	ななち	ななけー
8	や	—	やーち	やっけー
9	くぬ	—	くぬち	くぬけー
10	とぅー	—	とぅー	とぅー

1. 人の数え方

しまむにでは、**1人、2人… を「ちゅい」「たい」… と数えます**。4人まではしまむにの言い方がありますが、5人以上の人を数える時は「ごにん」「ろくにん」…と日本語と同じ言い方をするそうです。

(1)	ちゅい＝[※]し　ふぁってーしぐとぅ　しゃん
	1人＝で　　　　畑仕事　　　　　した
	「1人で畑仕事をした」

1 回数の数え方は地域差があるようで、正名集落では「ちゅっこい」「たっこい」「みっこい」…と数えるそうです。

※ このテキストでは、他のことばと区別するために、助詞の前に「＝」をつけています

2. もの・生き物などの数え方

しまむにでは、**1つ、2つ … を「てぃーち」「たーち」… と数えます**。日本語の「〜つ」は、生き物を数える時には使いませんが、しまむにの「〜ち」は生き物を数える時にも使えます。

（2）

くりぶ	てぃーち	くりり
みかん	1つ	ください

「みかんを1つください」

（3）

'わー	みーち	ほーとぅたん
豚	3つ	飼っていた

「豚を3匹飼っていた」

（4）

がらし＝ぬ	いちち	とぅまとぅたん
カラス＝が	5羽	とまっていた

「カラスが5羽とまっていた」

3. 回数の数え方

しまむにでは、**1回、2回 … を「ちゅっけー」「たっけー」… と数えます**。「ちゅっこい」「たっこい」…と数える集落もあります。

（5）

なー	ちゅっけー	いち	みー＝さ
もう	1回	言って	みて＝よ

「もう1回言ってみて」

4. 調べてみよう

しまむにを話す人に聞いてみましょう

① 「1日」「2日」…は何ていう？

② 「1歩」「2歩」…は何ていう？

③ 他にも、いろいろなものをしまむにで何と数えるか調べてみよう。

動詞の基本構造

この教材では、動詞の構造について説明します。動詞の活用にも方言差がありますが、**仕組み自体は共通している部分が多くあります**。ここでは、国頭方言のデータを使って説明しますが、語そのものの形というよりも、**どのような仕組みになっているか**に注目してください。具体的な単語の形は、このあと学ぶ1つ1つの動詞の活用形を通じて説明します。

1. 動詞の基本構造

動詞の構造について、列車にたとえて説明します。しまむにの動詞は、単語の意味を決める機関車（**語根**）に、様々な意味を持つ、付属の車両（**接辞**）が付いてできています。列車が走るためには、最初の機関車（語根）と、単語を閉じられる、最後の車両（**語尾接辞**）が必要です。

単語の意味を決める 最初の車両（語根）**と、単語を閉じる** 最後の車両（語尾接辞）**が必要**

2. 車両がつながる順番

語根（機関車）の後に付く接辞（車両）は、つながる順番が決まっています。それぞれの用語については、各節で説明します。

※語尾接辞の中でも、○が付いているものは語根に直接連結できるものです。

語根のすぐ後には -ras「〜させる」という意味の使役接辞、その後に、-ra「〜られる／〜できる」の受動／可能接辞、-u「〜ている」の進行接辞、-ran「〜ない」の否定接辞、-yu（現在）か -a（過去）の時制接辞、そして語尾接辞が語のおしりに来ます。

語尾接辞の中でも、〇が付いているものは語根に直接連結できるものです。例えば左下図のように「語根－命令接辞」というとても短い列車もできます。一方で、それ以外の語尾接辞は、語根の後に他の接辞（例えば時制接辞）が必要になります。例えば右下図のように「語根－受動－進行－過去－直説接辞」のようにとても長い列車になることもあります。

図. 短い列車と長い列車

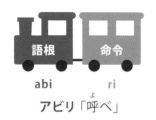

アビリ「呼べ」

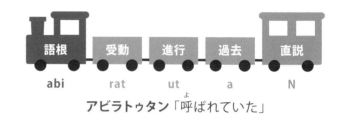

アビラトゥタン「呼ばれていた」

3. 語基の交替

3-1 語基

　しまむには、車両（接辞）の種類によって、前の車両との連結部分（接辞の前の音）が変わってしまうという性質があります。このことを説明するために、ここでは接辞の前の車両全体を、その接辞に対する「**語基**」と呼びます。

　接辞は、大きくA, B, Cのグループに分けられます。そして、接辞のグループによって、前にある車両たち（語基）の連結部分（一番後ろの音）が変わります。Aグループの接辞につく語基のタイプを**A型**、Bグループの接辞につく語基のタイプを**B型**、Cグループの接辞につく語基のタイプを**C型**とします。

後ろに付く車両（接辞）のタイプよって、前にある車両たち（語基）の連結部分（一番後ろの音）が変わる

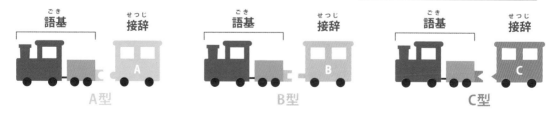

3-2 接辞のグループ

　表1は、しまむに動詞の代表的な接辞です。接辞には、(A) 語基A型に接続するグループ、(B) 語基B型に接続するグループ、(C) 語基C型に接続するグループがあります。なお、ここに書いていない接辞は、前の語基を変化させません。

表1. 接辞の種類とグループ　(例は国頭集落の語形です。具体的な語形には方言差があります)

接辞の グループ	活用の 名前	接辞の形	語基 タイプ	例: abi「呼ぶ」		例: mat「待つ」	
A	意志形	-(r)aa	A型	abi-raa	呼ぼう	mat-aa	待とう
	命令形	-(r)i		abi-ri	呼べ	mat-i	待て
	禁止形	-(r)una		abi-runa	呼ぶな	mat-una	待つな
	条件形	-(r)iba		abi-riba	呼べば	mat-iba	待てば
	否定形	-(r)an		abi-ra-N	呼ばない	mat-a-N	待たない
B	連用形	-i	B型	abi	呼び…	mac-i[1]	待ち…
	現在形	-yu		abi-yu-N	呼ぶ	mac-yu-N	待つ
	丁寧形	-yabu		abi-yabu-N	呼びます	mac-yabu-N	待ちます
C	テ形	-i	C型	abit-i	呼んで	mach-i[2]	待って
	過去形	-a		abit-a-N	呼んだ	mach-a-N	待った
	進行形	-u		abit-u-N	呼んでいる	mach-u-N	待っている

1 ciを「チ」、cyuを「チュ」、cyaを「チャ」と読んでください。

2 chiを「チ」、chaを「チャ」、chuを「チュ」と読んでください。

　例えば「命令」の意味を表す **-ri** という接辞(子音の後に付く場合は **-i**)は、**語基A型**に接続します。「連用」の意味を表す **-i** という接辞は、**語基B型**に接続します。「進行」を表す **-u** という接辞は、**語基C型**に接続します。

3-3 語基の交替

後ろにつく接辞のグループによって、前の部分（語基）の最後の音が変わります。語基の変わり方には、大きく8つのパターンがあります[3]。表2は、語基の変わり方をまとめたものです。

表2. 語基の末尾音の変化（国頭方言の場合）

語基の末尾	① 母音終わり	② s終わり	③ k終わり	④ t終わり	⑤ g終わり	⑥ n終わり	⑦ m終わり	⑧ b終わり
例	abi「呼ぶ」	nas「産む」	hak「書く」	mat「待つ」	uig「泳ぐ」	sin「死ぬ」	kam「食べる」	asjib「遊ぶ」
語基A（基本形）	母音	s	k	t	g	n	m	b
語基B	母音	s	c	c	z	n	m	b
語基C	母音 t	ch	ch	ch	j	j	d	d

例えば国頭方言で、語基A型が s で終わる語（例：nas「産む」）は、語基C型では ch で終わる形（例：nach「産む」）になります。また、語基A型が k で終わる語（例：hak「書く」）は、語基B型では c で終わる形（例：hac「書く」）になります。

3 動詞の「する」「行く」「来る」、そして「見る」や「着る」などの動詞は不規則な変化をするので、別に説明します。

動詞の構造まとめ

この後のページで、動詞の活用形について1つずつ説明します。もし動詞の構造自体が分からなくなった時は、このページに戻ってきてください。また、説明が分からない時には、「発音してみよう」で、具体的な言い方を発音するだけでも大丈夫です。

動詞を列車にして説明します。しまむにの動詞は、単語の意味を決める機関車（**語根**）に、様々な意味を持つ、付属の車両（**接辞**）が付いて作られます。列車が走るためには、最初の機関車（語根）と、単語を閉じられる、最後の車両（**語尾接辞**）が必要です。

ある車両（接辞）の前にある車両全体を、その接辞に対する「**語基**」と呼びます[1]。後ろに付く車両（接辞）のグループによって、前にある車両たち（語基）の連結部分（一番後ろの音）が変わります。

このように、変化する語基のタイプには、**A型**（**基本形**）、**B型**、**C型**の3種類があります。語基A型の語根を「**基本語根**」と呼びます。

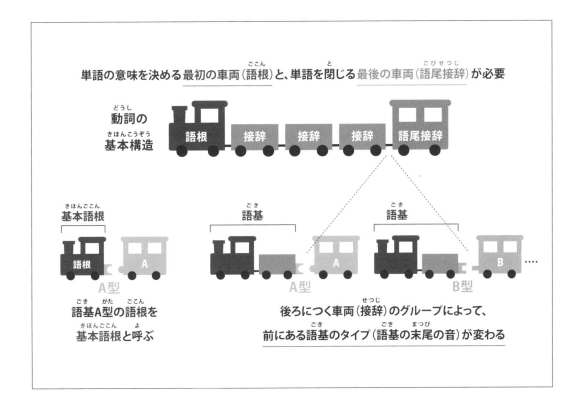

単語の意味を決める 最初の車両（語根）と、単語を閉じる 最後の車両（語尾接辞）が必要

動詞の
基本構造

| 語根 | 接辞 | 接辞 | 接辞 | 語尾接辞 |

基本語根

語根　A
A型

語基A型の語根を
基本語根と呼ぶ

語基　A
A型

語基　B
B型

後ろにつく車両（接辞）のグループによって、
前にある語基のタイプ（語基の末尾の音）が変わる

---

1 語根に直接、語尾接辞が接続する場合には、語基＝語根になります。

3-6 動詞の意志形「〜よう」

p.45 動詞の構造まとめを参照しながら進めてください。

この課では「食べよう」「歌おう」「行こう」など、**話し手の意志を表す動詞の形（意志形）**を学びます。

ポイント

1. 動詞の意志形「〜よう」は、語基A型に、意志の語尾接辞 - (r)aa[1] を付ける。

2. 母音で終わる語基には、-raa が付き、子音で終わる語基には -aa が付く。

1. 意志形

意志の接辞 -raa は、語基A型に接続します。語基が母音で終わる場合には -raa を、語基が子音で終わる場合には -aa を付けます。

例えば「呼ぶ」という動詞は、基本語根（語基A型）の *abi*[2]（母音終わり）に意志の接辞 -raa を付けて **abi-raa**「呼ぼう」となります。「待つ」という動詞は、基本語根（語基A型）の *mat*（子音終わり）に意志の接辞 -aa を付けて **mat-aa**「待とう」となります。

	基本語根（語基A型）		意志形	
母音終わり	*abi*	「呼ぶ」 ➡	abi-raa	「呼ぼう」
	kuri	「くれる・あげる」 ➡	kuri-raa	「あげよう」
子音終わり	*hak*	「書く」 ➡	hak-aa	「書こう」
	mat	「待つ」 ➡	mat-aa	「待とう」

1 - は接辞のマークです。

2 語根だけの形を、ななめ文字で表します。語根だけでは単語は成り立ちません。

意志形は、動詞の中でも一番シンプルな形を持った活用形の1つです。意志形と一緒に、様々な動詞の基本語根も、少しずつ覚えていきましょう。

あびらー
abi -raa
呼ぶ -意志
「呼ぼう」

なさー
nas -aa
産む -意志
「産もう」

しなー
sin -aa [3]
死ぬ -意志
「死のう」

はかー
hak -aa
書く -意志
「書こう」

またー
mat -aa
待つ -意志
「待とう」

ういがー
uig -aa
泳ぐ -意志
「泳ごう」

かまー
kam -aa
食べる -意志
「食べよう」

あしばー
asib -aa
遊ぶ -意志
「遊ぼう」

3 「しにゃー」という地域もあるようです。

練習問題　次の動詞の意志形を予想して書いてみましょう。

(1) *nibu* 「眠る」 ➡ （　　　　　　　　　） 「眠ろう」

(2) *furus* 「殺す」 ➡ （　　　　　　　　　） 「殺そう」

(3) *ak* 「歩く」 ➡ （　　　　　　　　　） 「歩こう」

(4) *tat* 「立つ」 ➡ （　　　　　　　　　） 「立とう」

(5) *fug* [4] 「（船を）こぐ」 ➡ （　　　　　　　　　） 「（船を）こごう」

(6) *num* 「飲む」 ➡ （　　　　　　　　　） 「飲もう」

(7) *tub* 「飛ぶ」 ➡ （　　　　　　　　　） 「飛ぼう」

4 fuig, fuugという地域もあるようです。

動詞の命令形「〜なさい」

 p.45 動詞の構造まとめを参照しながら進めてください。

この課では「食べろ」「歌え」「行け」など、**聞き手に命令をする動詞の形（命令形）**を学びます。

ポイント

1. 動詞の命令形「〜なさい」は、語基A型に、命令の語尾接辞 - (r)i[1] を付ける。
2. 母音で終わる語基には、-ri が付き、子音で終わる語基には -i が付く。

1. 命令形

　命令の接辞 -ri は、語基A型に接続します。語基が母音で終わる場合には -ri を、語基が子音で終わる場合には -i を付けます。

　例えば「呼ぶ」という動詞は、基本語根（語基A型）の *abi*[2]（母音終わり）に命令の接辞 -ri を付けて abi-ri「呼べ」となります。「待つ」という動詞は、基本語根の *mat*（子音終わり）に命令の接辞 -i を付けて mat-i「待て」となります。

	基本語根(語基A型)		命令形	
母音終わり	*abi*	「呼ぶ」	→	abi-ri	「呼べ」
	kuri	「くれる・あげる」	→	kuri-ri	「あげろ」
子音終わり	*hak*	「書く」	→	hak-i	「書け」
	mat	「待つ」	→	mat-i	「待て」

---

1 - は接辞のマークです。

2 語根だけの形を、ななめ文字で表します。語根だけでは単語は成り立ちません。

命令形は、動詞の中でも一番シンプルな形を持った活用形の1つです。命令形と一緒に、様々な動詞の基本語根も、少しずつ覚えていきましょう。

abi - r i
呼ぶ –命令
「呼べ」

nas - i
産む –命令
「産め」

sin - i
死ぬ –命令
「死ね」

hak - i
書く –命令
「書け」

mat - i
待つ –命令
「待て」

uig - i
泳ぐ –命令
「泳げ」

kam - i
食べる –命令
「食べろ」

asib - i
遊ぶ –命令
「遊べ」

練習問題 次の動詞の命令形を予想して書いてみましょう。

(1) *nibu* 「眠る」 ➡ ( ) 「眠れ」

(2) *furus* 「殺す」 ➡ ( ) 「殺せ」

(3) *ak* 「歩く」 ➡ ( ) 「歩け」

(4) *tat* 「立つ」 ➡ ( ) 「立て」

(5) *fug* [3] 「（船を）こぐ」 ➡ ( ) 「（船を）こげ」

(6) *num* 「飲む」 ➡ ( ) 「飲め」

(7) *tub* 「飛ぶ」 ➡ ( ) 「飛べ」

3 fuig, fuugという地域もあるようです。

3-8 動詞の禁止形「〜するな」

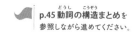
p.45 動詞の構造まとめを
参照しながら進めてください。

この課では「食べるな」「歌うな」「行くな」など、**聞き手に禁止をする動詞の形（禁止形）**を学びます。

ポイント

1. 動詞の禁止形「〜するな」は、語基A型に、禁止の語尾接辞 - (r)una[1] / N[2] na を付ける。
2. 母音で終わる語基には、-runa / Nna が付き、子音で終わる語基には -una が付く。

1. 禁止形

禁止の接辞 -(r)una / Nna は、語基A型に接続します。語基が母音で終わる場合には -runa を付けます。地域によっては、-Nna を付けるところもあります。語基が子音で終わる場合には -una を付けます。

例えば「呼ぶ」という動詞は、基本語根（語基A型）の *abi* [3]（母音終わり）に禁止の接辞 -runa を付けて **abi-runa**「呼ぶな」となります。「待つ」という動詞は、基本語根の *mat*（子音終わり）に禁止の接辞 -una を付けて mat-una「待つな」となります。

	基本語根（語基A型）		禁止形
母音終わり	*abi*　「呼ぶ」	⟶	abi-runa / abi-Nna　「呼ぶな」
	kuri　「くれる・あげる」	⟶	kuri-runa / kuri-Nna「あげるな」
子音終わり	*hak*　「書く」	⟶	hak-una　「書くな」
	mat　「待つ」	⟶	mat-una　「待つな」

1 - は接辞のマークです。　2 「ん」を N と表します。
3 語根だけの形を、ななめ文字で表します。語根だけでは単語は成り立ちません。

禁止形は、動詞の中でも一番シンプルな形を持った活用形の1つです。禁止形と一緒に、様々
な動詞の基本語根も、少しずつ覚えていきましょう。

あびるな
abi -runa
あびんな
abi -Nna
呼ぶ - 禁止
「呼ぶな」

なすな
nas -una
産む - 禁止
「産むな」

しぬな
sin -una [4]
死ぬ - 禁止
「死ぬな」

はくな
hak -una
書く - 禁止
「書くな」

まとぅな
mat -una
待つ - 禁止
「待つな」

ういぐな
uig -una
泳ぐ - 禁止
「泳ぐな」

かむな
kam -una
食べる - 禁止
「食べるな」

あしぶな
asib -una
遊ぶ - 禁止
「遊ぶな」

4 「しにゅな」という地域もあるようです。

練習問題　次の動詞の禁止形を予想して書いてみましょう。

(1) *nibu*　「眠る」　⟶　（　　　　　　　　）「眠るな」

(2) *furus*　「殺す」　⟶　（　　　　　　　　）「殺すな」

(3) *ak*　「歩く」　⟶　（　　　　　　　　）「歩くな」

(4) *tat*　「立つ」　⟶　（　　　　　　　　）「立つな」

(5) *fug* [5]　「(船を)こぐ」　⟶　（　　　　　　　　）「(船を)こぐな」

(6) *num*　「飲む」　⟶　（　　　　　　　　）「飲むな」

(7) *tub*　「飛ぶ」　⟶　（　　　　　　　　）「飛ぶな」

5 fuig, fuugという地域もあるようです。

動詞の条件形「〜ば」

この課では「食べれば」「歌えば」「行けば」など、**条件を表す動詞の形（条件形）**を学びます。

> **1.** 動詞の条件形「〜ば」は、語基A型に、条件の語尾接辞 - (r)iba[1] を付ける。
>
> **2.** 母音で終わる語基には、-riba が付き、子音で終わる語基には -iba が付く。

1. 条件形

条件の接辞 -(r)iba は、語基A型に接続します。語基が母音で終わる場合には -riba を、語基が子音で終わる場合には -iba を付けます。

例えば「呼ぶ」という動詞は、基本語根（語基A型）の *abi*[2]（母音終わり）に条件の接辞 -ribaを付けて abi-riba「呼べば」となります。「食べる」という動詞は、基本語根の *kam*（子音終わり）に条件の接辞 -ibaを付けて kam-iba「食べれば」となります。

	基本語根（語基A型）		条件形	
母音終わり	*abi*	「呼ぶ」 →	abi-riba	「呼べば」
	kuri	「くれる・あげる」 →	kuri-riba	「あげれば」
子音終わり	*hak*	「書く」 →	hak-iba	「書けば」
	kam	「食べる」 →	kam-iba	「食べれば」

1 - は接辞のマークです。

2 語根だけの形を、ななめ文字で表します。語根だけでは単語は成り立ちません。

条件形は、動詞の中でも一番シンプルな形を持った活用形の1つです。条件形と一緒に、様々な動詞の基本語根も、少しずつ覚えていきましょう。

abi -riba
呼ぶ - 条件
「呼べば」

nas -iba
産む - 条件
「産めば」

sin -iba
死ぬ - 条件
「死ねば」

hak -iba
書く - 条件
「書けば」

mat -iba
待つ - 条件
「待てば」

uig -iba
泳ぐ - 条件
「泳げば」

kam -iba
食べる - 条件
「食べれば」

asib -iba
遊ぶ - 条件
「遊べば」

練習問題 次の動詞の条件形を予想して書いてみましょう。

(1) **nibu** 「眠る」 ➡ ( ) 「眠れば」

----

(2) **furus** 「殺す」 ➡ ( ) 「殺せば」

----

(3) **ak** 「歩く」 ➡ ( ) 「歩けば」

----

(4) **tat** 「立つ」 ➡ ( ) 「立てば」

----

(5) **fug** [3] 「(船を)こぐ」 ➡ ( ) 「(船を)こげば」

----

(6) **num** 「飲む」 ➡ ( ) 「飲めば」

----

(7) **tub** 「飛ぶ」 ➡ ( ) 「飛べば」

----

3 fuig, fuugという地域もあるようです。

3-10 動詞の連用形「～（ながら／たい）」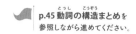

p.45 動詞の構造まとめを参照しながら進めてください。

この課では「食べ（ながら）」「歌い（ながら）」「行き（ながら）」や「食べ（たい）」「歌い（たい）」「行き（たい）」など、**後ろに「～ガチャナ（ながら）」や「～ブシャン（たい）」などが続く動詞の形（連用形）**を学びます。

ポイント

動詞の連用形「～（ながら／たい）」は、動詞の語基B型に、連用形の語尾接辞 - i [1]

を付ける。

1. 連用形

連用形の接辞 - i は、語基B型に接続します。

語基B型については、西部方言と東部方言で違いがあることが分かっているので、ここでは分けて説明します。それぞれの方言の中でも地域差があるかもしれないので、西部方言は代表として上平川方言、東部方言は国頭方言を例にして説明します。

1-1 上平川方言（西部方言）

上平川方言では、語基B型が語基A型（基本形）と違うのは、語基A型（基本形）が ny で終わる *siny* [2]「死ぬ」の語だけです。表1を見てください。⑥語基A型が「**ny**」で終わる語（例：*siny*「死ぬ：A型」）は、語基B型では「**n**」で終わる形、すなわち *sin*「死ぬ：B型」という形になります。

---

1 - は接辞のマークです。

2 語根だけの形を、ななめ文字で表します。語根だけでは単語は成り立ちません。

表1. 語基の末尾音の変化（上平川方言）

語基の末尾	① 母音終わり	② s終わり	③ k終わり	④ t終わり	⑤ g終わり	⑥ n終わり	⑦ m終わり	⑧ b終わり
例	abi「呼ぶ」	nas「産む」	hak「書く」	mat「待つ」	uig「泳ぐ」	sin「死ぬ」	kam「食べる」	asjib「遊ぶ」
語基A（基本形）	母音	s	k	t	g	ny	m	b
語基B	母音	s	k	t	g	n	m	b
語基C	母音 t	ch	ch	ch	j	j	d	d

さて、連用形は、動詞の語基B型に接続するので、*siny*「死ぬ」の連用形は、語基B型 *sin* に連用形の接辞 **-i** が付いて <u>**sin-i**「死に」</u> となります。

1-2 国頭方言（東部方言）

東部方言は、歴史的に **ki → chi**（キ→チ）、**gi → zi**（ギ→ジ）音の変化がある（1-2「しまむにの地域差」を参照）ので、西部側より少しだけ変化が多くなります。

表2を見てください。③語基A型が **k** で終わる語（例：*hak*「書く：A型」）④語基A型が **t** で終わる語（例：*mat*「待つ：A型」）は、語基B型では **c** で終わる形、すなわち *mac*「待つ：B型」や *hac*「書く：B型」のような形となります。⑤語基A型が **g** で終わる語（例：*uig*「泳ぐ：A型」）は、語基B型では **z** で終わる形、すなわち *uiz*「泳ぐ：B型」のような形になります。

表2. 語基の末尾音の変化（国頭方言）

語基の末尾	① 母音終わり	② s終わり	③ k終わり	④ t終わり	⑤ g終わり	⑥ n終わり	⑦ m終わり	⑧ b終わり
例	abi「呼ぶ」	nas「産む」	hak「書く」	mat「待つ」	uig「泳ぐ」	sin「死ぬ」	kam「食べる」	asjib「遊ぶ」
語基A（基本形）	母音	s	k	t	g	n	m	b
語基B	母音	s	c	c	z	n	m	b
語基C	母音 t	ch	ch	ch	j	j	d	d

さて、連用形は、動詞の語基B型に接続するので、*hak*「書く」の連用形は、語基B型 *hac* に連用形の接辞 -i が付いて **hac-i** [3]「書き」となります。*mat*「待つ」の連用形は、語基B型 *mac* に連用形の接辞 -i が付いて **mac-i**「待ち」となります。*uig*「泳ぐ」の連用形は、語基B型 *uiz* に連用形の接辞 -i が付いて **uiz-i** [4]「泳ぎ」となります。

発音してみよう！

連用形は、様々な語と続けて使われます。ここでは「〜ブシャン（〜たい）」という形と続けて発音してみましょう。2段ある場合、上の段が上平川方言（西部方言）、下の段が国頭方言（東部方言）を表しています。

abi - i bushan
呼ぶ -連用　たい

「呼びたい」

nas - i bushan
産む -連用　たい

「産みたい」

sin - i bushan
死ぬ -連用　たい

「死にたい」

hak - i bushan
hac - i bushan
書く -連用　たい

「書きたい」

mat - i bushan
mac - i bushan
待つ -連用　たい

「待ちたい」

uig - i bushan
uiz - i bushan
泳ぐ -連用　たい

「泳ぎたい」

kam - i bushan
食べる -連用　たい

「食べたい」

asib - i bushan
遊ぶ -連用　たい

「遊びたい」

---

3 ci = chi「チ」と読んでください。

4 zi = ji「ジ」と読んでください。

次の動詞の連用形を予想して書いてみましょう。

(1) **nibu** 「眠る」 ⟶ （　　　　　　　　） 「眠り（たい）」

----

(2) **furus** 「殺す」 ⟶ （　　　　　　　　） 「殺し（たい）」

----

(3) **ak** 「歩く」 ⟶ （　　　　　　　　） 「歩き（たい）」

----

(4) **tat** 「立つ」 ⟶ （　　　　　　　　） 「立ち（たい）」

----

(5) **fug** [5] 「(船を)こぐ」 ⟶ （　　　　　　　　） 「(船を)こぎ（たい）」

----

(6) **num** 「飲む」 ⟶ （　　　　　　　　） 「飲み（たい）」

----

(7) **tub** 「飛ぶ」 ⟶ （　　　　　　　　） 「飛び（たい）」

----

5 fuig, fuugという地域もあるようです。

動詞のテ形「〜て」

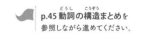
p.45 動詞の構造まとめを
参照しながら進めてください。

この課では「食べて」「歌って」「行って」など、**日本語で「〜して、〜して…」と文を続ける動詞の形**（テ形）を学びます。

 ポイント

動詞のテ形「〜て」は、**動詞の語基C型に、テ形の語尾接辞 - i [1] を付ける。**

1. テ形

テ形の接辞 - i は、語基C型に接続します。

表1を見てください。例えば、①語基A型（基本形）が 母音 で終わる語（例：*abi*[2]「呼ぶ：A型」）は、語基C型は 母音 t で終わる形になります（例：*abit*「呼ぶ：C型」）。④語基A型（基本形）が t で終わる語（例：*mat*「待つ：A型」）は、語基C型では **ch** で終わる形になります（例：*mach*「待つ：C型」）。

表1. 語基の末尾音の変化

語基の末尾	① 母音 終わり	② s終わり	③ k終わり	④ t終わり	⑤ g終わり	⑥ n終わり	⑦ m終わり	⑧ b終わり
例	abi 「呼ぶ」	nas 「産む」	hak 「書く」	mat 「待つ」	uig 「泳ぐ」	sin 「死ぬ」	kam 「食べる」	asjib 「遊ぶ」
語基A（基本形）	母音	s	k	t	g	ny/n	m	b
語基B	母音	s	k/c	t/c	g/z	n	m	b
語基C	母音 t	ch	ch	ch	j	j	d	d

※「/」斜線で区切っているのは、左が西部の上平川方言、右が東部の国頭方言を併記しています。

1 - は接辞のマークです。

2 語根だけの形を、ななめ文字で表します。語根だけでは単語は成り立ちません。

テ形は、動詞の語基C型に接続するので、*abi*「呼ぶ」のテ形は、語基C型 *abit* にテ形の接辞 -i が付いて **abit-i**「**呼んで**」となります。*mat*「待つ」のテ形は、語基C型 *mach* にテ形の接辞 -i を付けて **mach-i**「**待って**」となります。表2は、8つの語基タイプごとの、C型への変化とテ形の形を、具体例とともに示したものです。

表2. 語基の変化とテ形

語基A型	例		語基C型への変化			テ形	
① 母音終わり	*abi*	「呼ぶ」	母音	→	母音 t	abit-i	「呼んで」
② s 終わり	*nas*	「産む」	s	→	ch	nach-i	「産んで」
③ k 終わり	*hak*	「書く」	k	→	ch	hach-i	「書いて」
④ t 終わり	*mat*	「待つ」	t	→	ch	mach-i	「待って」
⑤ g 終わり	*uig*	「泳ぐ」	g	→	j	uij-i	「泳いで」
⑥ ny/n 終わり	*sin(y)*	「死ぬ」	n(y)	→	j	sij-i	「死んで」
⑦ m 終わり	*kam*	「食べる」	m	→	d	kad-i	「食べて」
⑧ b 終わり	*asib*	「遊ぶ」	b	→	d	asid-i	「遊んで」

発音してみよう！

テ形は、しまむにの動詞を理解する上で、カギとなる形です。テ形と一緒に、C型の動詞の語基を、少しずつ覚えていきましょう。

abit - i
呼ぶ −テ形
「呼んで」

nach - i
産む −テ形
「産んで」

sij - i
死ぬ −テ形
「死んで」

hach - i
書く −テ形
「書いて」

mach - i
待つ −テ形
「待って」

uij - i
泳ぐ −テ形
「泳いで」

kad - i
食べる −テ形
「食べて」

asid - i
遊ぶ −テ形
「遊んで」

練習問題　次の動詞のテ形を予想して書いてみましょう。

(1) *nibu* 「眠る」 ➡ (　　　　　　　) 「眠って」

(2) *furus* 「殺す」 ➡ (　　　　　　　) 「殺して」

(3) *ak* 「歩く」 ➡ (　　　　　　　) 「歩いて」

(4) *tat* 「立つ」 ➡ (　　　　　　　) 「立って」

(5) *fug* [3] 「（船を）こぐ」 ➡ (　　　　　　　) 「（船を）こいで」

(6) *num* 「飲む」 ➡ (　　　　　　　) 「飲んで」

(7) *tub* 「飛ぶ」 ➡ (　　　　　　　) 「飛んで」

3 fuig, fuuqという地域もあるようです。

60

3-12

動詞の否定形「～ない」

 p.45 動詞の構造まとめを参照しながら進めてください。

この課では「食べない」「歌わない」「行かない」など、非過去（現在や未来）の否定を表す動詞の形（否定形）を学びます。

ポイント

1. 動詞の否定形「～ない」は、語基A型に、否定の接辞 -(r)an¹ が付き、後ろに語尾接辞が付く。

2. 母音で終わる語基のとき否定接辞は -ran で、子音で終わる語基のとき否定接辞は -an 。

1. 否定形

　非過去の否定接辞 -(r)an は、語基A型に接続します。語基が母音で終わる場合には -ran、語基が子音で終わる場合には -an を付けます。なお、否定接辞の最後の「n」が子音の前に付くときには、発音できないのでこの n を消して考えてください。

　例えば「呼ぶ」という動詞は、基本語根（語基A型）の *abi* ²（母音終わり）に否定接辞 -ran と語尾接辞 -N（直説：言い切る形）を付けて（abi-ran-N→）**abiraN**「呼ばない」となります。「待つ」という動詞は、基本語根の *mat*（子音終わり）に否定接辞 -an と語尾接辞 -N（直説）をつけて（mat-an-N→）**mataN**「待たない」となります。

	基本語根（語基A型）		否定形	
母音終わり	*abi*	「呼ぶ」	→ abi-ra-N	「呼ばない」
	kuri	「くれる・あげる」	→ kuri-ra-N	「くれない・あげない」
子音終わり	*hak*	「書く」	→ hak-a-N	「書かない」
	mat	「待つ」	→ mat-a-N	「待たない」

1 ‐ は接辞のマークです。

2 語根だけの形を、ななめ文字で表します。語根だけでは単語は成り立ちません。

否定形は使えるととても便利です。いろいろな動詞で、実際に発音してみましょう。

abi -ra -N
あびらん
呼ぶ - 否定 - 直説
「呼ばない」

nas -a -N
なさん
産む - 否定 - 直説
「産まない」

sin -a -N ³
しなん
死ぬ - 否定 - 直説
「死なない」

hak -a -N
はかん
書く - 否定 - 直説
「書かない」

mat -a -N
またん
待つ - 否定 - 直説
「待たない」

uig -a -N
ういがん
泳ぐ - 否定 - 直説
「泳がない」

kam -a -N
かまん
食べる - 否定 - 直説
「食べない」

asib -a -N
あしばん
遊ぶ - 否定 - 直説
「遊ばない」

3 「しにゃん」という地域もあるようです。

練習問題 次の動詞の否定形を予想して書いてみましょう。

(1) *nibu* 「眠る」 ⟶ （　　　　　） 「眠らない」

(2) *furus* 「殺す」 ⟶ （　　　　　） 「殺さない」

(3) *ak* 「歩く」 ⟶ （　　　　　） 「歩かない」

(4) *tat* 「立つ」 ⟶ （　　　　　） 「立たない」

(5) *fug* ⁴ 「（船を）こぐ」 ⟶ （　　　　　） 「（船を）こがない」

(6) *num* 「飲む」 ⟶ （　　　　　） 「飲まない」

(7) *tub* 「飛ぶ」 ⟶ （　　　　　） 「飛ばない」

4 fuig, fuugという地域もあるようです。

メモ

非過去の否定接辞を **(r)a** ではなく **(r)an** と考えると、後ろに「テ形 [5]」が来た時の変化を理解するのに便利です。(1)の文を見てください。

(1)		**あま**	**あびらじ**	**あちゃ**	**あびたん**
		母	呼ばないで	父	呼んだ

「母を呼ばないで父を呼んだ」

(1)に出てくる「あびらじ（呼ばないで）」は、「呼ぶ」の基本語根の **abi** に否定接辞 **-ran**、テ形の **-i** が組み合わさってできています。

このままだと「あびらに」になってしまいますが、ポイントは、3-11「テ形」で学ぶように<u>「テ形は語基C型に付く」</u>ということです。

表1を見てください。**-i**（テ形）がくっつく語基 **abiran** のC型はどんな形でしょうか？

表1. 語基の末尾音の変化（3-5「動詞の基本構造」より）

語基の末尾	① 母音終わり	② s終わり	③ k終わり	④ t終わり	⑤ g終わり	⑥ n終わり	⑦ m終わり	⑧ b終わり
語基A（基本形）	母音	s	k	t	g	n	m	b
語基B	母音	s	c	c	z	n	m	b
語基C	母音 t	ch	ch	ch	j	j	d	d

abiran は **n** 終わりの語基なので⑥を見ます。すると、語基C型は **j** 終わりの形であることが分かります。そのため、**-i**（テ形）の前の語基は **abiran → abiraj** と変わり、**abiraj-i** となるのです。

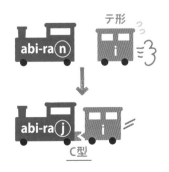

---

5 日本語で「食べて、ねて、起きて…」のように、動作が順番に起きていくことを表したり、文をつなげていく動詞の形を「テ形」と呼んでいます。

3-13

動詞の非過去形「〜る」

p.45 **動詞の構造まとめ**を参照しながら進めてください。

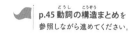

この課では「食べる」「歌う」「行く」などの**非過去（現在や未来）を表す動詞の形（非過去形）**を学びます。

ポイント

> 1. **動詞の非過去形**は、動詞の**語基B型**に、**非過去の接辞**を付ける。
>
> 2. **非過去の接辞**は **-yu**[1] である。
>
>   地域によっては、m か b で終わる語基に対して **-i** となるところもある。

1. 非過去形

非過去形の接辞は、語基B型に接続します。

語基B型、非過去接辞については、西部方言と東部方言で違うことが分かっているので、ここでは西部方言は代表として上平川方言、東部方言は国頭方言を例にして説明します。

1-1 上平川方言（西部方言）

上平川方言の語基B型は表の通りです。例えば「書く」は語基B型（*hak*[2]）に非過去接辞 **-yu** と直説接辞 **-N** が接続して **hak-yu-N「書く」** となります。「死ぬ」は語基B型（*sin*）に非過去接辞 **-yu** と直説接辞 **-N** が接続して **sin-yu-N「死ぬ」** となります。

表1. 語基の末尾音の変化（上平川方言）

語基の末尾	① 母音終わり	② s終わり	③ k終わり	④ t終わり	⑤ g終わり	⑥ n終わり	⑦ m終わり	⑧ b終わり
例	abi「呼ぶ」	nas「産む」	hak「書く」	mat「待つ」	uig「泳ぐ」	sin「死ぬ」	kam「食べる」	asjib「遊ぶ」
語基A（基本形）	母音	s	k	t	g	ny	m	b
語基B	母音	s	k	t	g	n	m	b
語基C	母音 t	ch	ch	ch	j	j	d	d

1 − は接辞のマークです。

2 語根だけの形を、ななめ文字で表します。語根だけでは単語は成り立ちません。

1-2 国頭方言（東部方言）

国頭方言では、非過去接辞に **-yu** と **-i** の2つの形があり、m または b で終わる語基のタイプ⑦⑧に対しては **-i**、それ以外の音で終わる語基に対しては **-yu** という形になります。

国頭方言の語基B型は表の通りです。例えば「書く」は語基B型（*hac*）に非過去接辞 **-yu** と 直説接辞 **-N** が接続して **hac-yu-N** [3] <u>「書く」</u>となります。「死ぬ」は語基B型（*sin*）に非過去接辞 **-yu** と 直説接辞 **-N** が接続して **sin-yu-N** <u>「死ぬ」</u>となります。語基が m で終わる「食べる」は、語基B型（*kam*）に非過去接辞 **-i** と 直説接辞 **-N** が接続して **kam-i-N**「 **食べる**」となります。

表2. 語基の末尾音の変化（国頭方言）

語基の末尾	①母音終わり	②s終わり	③k終わり	④t終わり	⑤g終わり	⑥n終わり	⑦m終わり	⑧b終わり
例	abi「呼ぶ」	nas「産む」	hak「書く」	mat「待つ」	uig「泳ぐ」	sin「死ぬ」	kam「食べる」	asjib「遊ぶ」
語基A（基本形）	母音	s	k	t	g	n	m	b
語基B	母音	s	c	c	z	n	m	b
非過去接辞	-yu						-i	
語基C	母音 t	ch	ch	ch	j	j	d	d

---

3 cyu と chu は「チュ」と読んでください。

非過去形は、動詞の基本的な形ですので、いろいろな動詞を実際に発音してみましょう。2段ある場合、上の段が上平川方言（西部方言）、下の段が国頭方言（東部方言）を表しています。

abi -yu -N
呼ぶ - 非過去 - 直説
「呼ぶ」

nas -yu -N
産む - 非過去 - 直説
「産む」

sin -yu -N
死ぬ - 非過去 - 直説
「死ぬ」

hak -yu -N
hac -yu -N
書く - 非過去 - 直説
「書く」

mat -yu -N
mac -yu -N
待つ - 非過去 - 直説
「待つ」

uig -yu -N
uiz -yu -N
泳ぐ - 非過去 - 直説
「泳ぐ」

kam -yu-N
kam -i -N
食べる - 非過去 - 直説
「食べる」

asib -yu-N
asib -i -N
遊ぶ - 非過去 - 直説
「遊ぶ」

練習問題 次の動詞の非過去形を予想して書いてみましょう。

(1) *nibu* 「眠る」 ➡ (　　　　　　) 「眠る」

(2) *furus* 「殺す」 ➡ (　　　　　　) 「殺す」

(3) *ak* 「歩く」 ➡ (　　　　　　) 「歩く」

(4) *tat* 「立つ」 ➡ (　　　　　　) 「立つ」

(5) *fug* [4] 「(船を)こぐ」 ➡ (　　　　　　) 「(船を)こぐ」

(6) *num* 「飲む」 ➡ (　　　　　　) 「飲む」

(7) *tub* 「飛ぶ」 ➡ (　　　　　　) 「飛ぶ」

4 fuig, fuugという地域もあるようです。

動詞の丁寧形「〜ます」

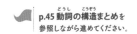
 p.45 動詞の構造まとめを
参照しながら進めてください。

この課では「食べます」「歌います」「行きます」のように、**聞き手に敬意をもって、丁寧な表現にする動詞の形（丁寧形）**を学びます。

ポイント

1. **動詞の丁寧形「〜ます」**は、動詞の語基B型に、丁寧形の接辞 -yabu[1] を付ける。
2. **丁寧接辞の後ろに時制接辞、語尾接辞が続く。**

1. 丁寧形

丁寧接辞 -yabu は、語基B型に接続し、その後に時制（非過去／過去）を表す接辞と語尾接辞が接続して動詞が完成します。

丁寧接辞の後に来るとき、非過去接辞は形を持たないのですが、過去接辞 -a は形として現れます。「呼ぶ」という動詞を例に、見てみましょう。

(1) 非過去の丁寧形

「呼びます」は、「呼ぶ」の語根 *abi*[2] に、丁寧接辞 -yabu と 直説接辞 -N が接続して **abi-yabu-N**「呼びます」となります。

---

1 - は接辞のマークです。

2 語根だけの形を、ななめ文字で表します。語根だけでは単語は成り立ちません。

(2) 過去の丁寧形

「呼びました」は、「呼ぶ」の語根 *abi* に、丁寧接辞 **-yabu** 、過去接辞 **-a**、直説接辞 **-N** が接続して **abi-yabut-a-N**「呼びました」となります。

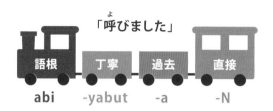

「呼びました」

| 語根 | 丁寧 | 過去 | 直接 |

abi　-yabut　-a　-N

過去接辞 **-a** は語基C型に接続する接辞なので、**-a** がつく語根が *abi* ではなく *abit* という形に変わる点に注意してください（3-15「動詞の過去形」を参照）。

語基B型には方言差があることが分かっているので、以下では西部方言の代表として上平川方言、東部方言の代表として国頭方言を例に具体的な形を見てみましょう。

1-1 上平川方言

上平川方言の語基の変化の仕方は、表1の通りです。例えば「待つ」という動詞の基本語根は *mat* です。「待ちます」と言いたいとき、「待つ」*mat* の語基B型（*mat* のまま）に、丁寧接辞 **-yabu** と直説接辞 **-N** を付けて、**mat-yabu-N**「待ちます」と言います。

表1. 語基の末尾音の変化（上平川方言）

語基の末尾	①母音終わり	②s終わり	③k終わり	④t終わり	⑤g終わり	⑥n終わり	⑦m終わり	⑧b終わり
例	abi「呼ぶ」	nas「産む」	hak「書く」	mat「待つ」	uig「泳ぐ」	sin「死ぬ」	kam「食べる」	asjib「遊ぶ」
語基A（基本形）	母音	s	k	t	g	ny	m	b
語基B	母音	s	k	t	g	n	m	b
語基C	母音t	ch	ch	ch	j	j	d	d

1-2 国頭方言

国頭方言の語基B型は、表2の通りです。例えば「待つ」という動詞の基本語根は *mat* です。「待ちます」と言いたいとき、「待つ」*mat* の語基B型 *mac* に、丁寧接辞 **-yabu** と直説接辞 **-N** を付けて、**mac-yabu-N「待ちます」**と言います。

表2. 語基の末尾音の変化（国頭方言）

語基の末尾	① 母音終わり	② s終わり	③ k終わり	④ t終わり	⑤ g終わり	⑥ n終わり	⑦ m終わり	⑧ b終わり
例	abi「呼ぶ」	nas「産む」	hak「書く」	mat「待つ」	uig「泳ぐ」	sin「死ぬ」	kam「食べる」	asjib「遊ぶ」
語基A（基本形）	母音	s	k	t	g	n	m	b
語基B	母音	s	c	c	z	n	m	b
語基C	母音t	ch	ch	ch	j	j	d	d

2. 語基に -i がつく丁寧形

国頭方言では、語基が母音終わりの時などに、丁寧接辞の前に **-i** が入ることがあります。例えば、「怒ります」という動詞は、「怒る」の語根 *ama* に、**-i** がついてから、丁寧接辞 **-yabu** と直説接辞 **-N** がついて、**ama-i-yabu-N「怒ります」**となります。他にも、「書きます」は「書く」の語根（語基B型）*hac* に **-i** がついてから、丁寧接辞 **-yabu** と直説接辞 **-N** がついて、**hac-i-yabu-N「書きます」**と言うこともあります。

どんな時に **-i** が入るのかは、まだ完全には分かっていません。

丁寧形は、話し相手や聞き手に敬意を表す上でとても大切な表現です。いろいろな動詞の丁寧形を、発音してみましょう。2段ある場合、上の段が上平川方言（西部方言）、下の段が国頭方言（東部方言）を表しています。

abi -yabu -N
呼ぶ - 丁寧 - 直説

「呼びます」

nas -yabu -N
産む - 丁寧 - 直説

「産みます」

sin -yabu -N
死ぬ - 丁寧 - 直説

「死にます」

hak -yabu -N
hac -yabu -N
書く - 丁寧 - 直説

「書きます」

mat -yabu -N
mac -yabu -N
待つ - 丁寧 - 直説

「待ちます」

uig -yabu -N
uiz -yabu -N
泳ぐ - 丁寧 - 直説

「泳ぎます」

kam -yabu -N
食べる - 丁寧 - 直説

「食べます」

asib -yabu -N
遊ぶ - 丁寧 - 直説

「遊びます」

練習問題 次の動詞の丁寧形を予想して書いてみましょう。

(1) *nibu* 「眠る」 ➡ (　　　　　) 「眠ります」

(2) *furus* 「殺す」 ➡ (　　　　　) 「殺します」

(3) *ak* 「歩く」 ➡ (　　　　　) 「歩きます」

(4) *tat* 「立つ」 ➡ (　　　　　) 「立ちます」

(5) *fug* [3] 「(船を)こぐ」 ➡ (　　　　　) 「(船を)こぎます」

(6) *num* 「飲む」 ➡ (　　　　　) 「飲みます」

(7) *tub* 「飛ぶ」 ➡ (　　　　　) 「飛びます」

---

3 fuig, fuugという地域もあるようです。

動詞の過去形「〜た」

p.45 動詞の構造まとめを参照しながら進めてください。

この課では「食べた」「歌った」「行った」などの**動詞の過去形**を学びます。

動詞の過去形は、動詞の語基C型に、過去形の接辞 -a[1] を付ける。

1. 過去形

過去形の接辞 -a は語基C型に接続します。

例えば「書いた」は語基C型（hach[2]）に過去接辞 -a と直説接辞 -N が接続して **hach-a-N「書いた」** となります。「食べた」は語基C型（kad）に過去接辞 -a と直説接辞 -N が接続して **kad-a-N「食べた」** となります。表1は、国頭方言ですが、他の地域でも語基C型は同じ変化をすることが多いです。

表1. 語基の末尾音の変化（国頭方言）

語基の末尾	① 母音終わり	② s終わり	③ k終わり	④ t終わり	⑤ g終わり	⑥ n終わり	⑦ m終わり	⑧ b終わり
例	abi「呼ぶ」	nas「産む」	hak「書く」	mat「待つ」	uig「泳ぐ」	sin「死ぬ」	kam「食べる」	asjib「遊ぶ」
語基A（基本形）	母音	s	k	t	g	n	m	b
語基B	母音	s	c	c	z	n	m	b
語基C	母音 t	ch	ch	ch	j	j	d	d

1 - は接辞のマークです。
2 語根だけの形を、ななめ文字で表します。語根だけでは単語は成り立ちません。

過去形は、動詞の基本的な形ですので、いろいろな動詞を実際に発音してみましょう！

abit -a -N
あびたん
呼ぶ - 過去 - 直説
「呼んだ」

nach -a -N
なちゃん
産む - 過去 - 直説
「産んだ」

sij -a -N
しじゃん
死ぬ - 過去 - 直説
「死んだ」

hach -a -N
はちゃん
書く - 過去 - 直説
「書いた」

mach -a -N
まちゃん
待つ - 過去 - 直説
「待った」

uij -a -N
ういじゃん
泳ぐ - 過去 - 直説
「泳いだ」

kad -a -N
かだん
食べる - 過去 - 直説
「食べた」

asid -a -N
あしだん
遊ぶ - 過去 - 直説
「遊んだ」

練習問題 次の動詞の過去形を予想して書いてみましょう。

(1) *nibu* 「眠る」 ➡ ( ) 「眠った」

(2) *furus* 「殺す」 ➡ ( ) 「殺した」

(3) *ak* 「歩く」 ➡ ( ) 「歩いた」

(4) *tat* 「立つ」 ➡ ( ) 「立った」

(5) *fug* [3] 「(船を)こぐ」 ➡ ( ) 「(船を)こいだ」

(6) *num* 「飲む」 ➡ ( ) 「飲んだ」

(7) *tub* 「飛ぶ」 ➡ ( ) 「飛んだ」

---

3 fuig, fuugという地域もあるようです。

動詞の進行形「～している」

p.45 動詞の構造まとめを
参照しながら進めてください。

この課では「食べている」「歌っている」「行っている」など、**動作が進行していたり、状態が継続している**ことを表す言い方を学びます。

動詞の進行形「～している」は、動詞の語基C型に、進行接辞 -u[1] を付ける。

1. 進行形「～している」

進行接辞 -u は語基C型に接続し、後に語尾接辞がついて動詞が完成します。

C型　進行 -u　語尾接辞

以下は、国頭方言を例に説明します。国頭方言の語基C型は表1の通りです。例えば「書く」の基本語根は *hak*[2] です。「書いている」と言いたい時、*hak* の語基C型（*hach*）に進行接辞 -u と直説接辞 -N が接続して <u>hach-u-N</u>「書いている」[3] となります。また「食べる」の基本語根は *kam* です。「食べている」と言いたい時、*kam* の語基C型（*kad*）に進行接辞 -u と直説接辞 -N が接続して <u>kad-u-N</u>「食べている」となります。表1は国頭方言の例ですが、語基C型は同じ変化をする地域が多いです。

表1. 語基の末尾音の変化（国頭方言）

語基の末尾	①母音終わり	②s終わり	③k終わり	④t終わり	⑤g終わり	⑥n終わり	⑦m終わり	⑧b終わり
例	abi「呼ぶ」	nas「産む」	hak「書く」	mat「待つ」	uig「泳ぐ」	sin「死ぬ」	kam「食べる」	asjib「遊ぶ」
語基A（基本形） 母音	母音	s	k	t	g	n	m	b
語基B 母音	母音	s	c	c	z	n	n	m	b
語基C 母音t	母音t	ch	ch	ch	j	j	d	d

1 - は接辞のマークです。　2 語根だけの形を、ななめ文字で表します。語根だけでは単語は成り立ちません。

3 cyu と chu は「チュ」と読んでください。

進行形は、動詞の基本的な形の1つなので、いろいろな動詞を実際に発音してみましょう。

abit -u -N
呼ぶ - 進行 - 直説
「呼んでいる」

nach -u -N
産む - 進行 - 直説
「産んでいる」

sij -u -N
死ぬ - 進行 - 直説
「死んでいる」

hach -u -N
書く - 進行 - 直説
「書いている」

mach -u -N
待つ - 進行 - 直説
「待っている」

uij -u -N
泳ぐ - 進行 - 直説
「泳いでいる」

kad -u -N
食べる - 進行 - 直説
「食べている」

asid -u -N
遊ぶ - 進行 - 直説
「遊んでいる」

練習問題 次の動詞の進行形を予想して書いてみましょう。

(1) *nibu* 「眠る」 ➡ （　　　　　　　　） 「眠っている」

(2) *furus* 「殺す」 ➡ （　　　　　　　　） 「殺している」

(3) *ak* 「歩く」 ➡ （　　　　　　　　） 「歩いている」

(4) *tat* 「立つ」 ➡ （　　　　　　　　） 「立っている」

(5) *fug* 4 「(船を)こぐ」 ➡ （　　　　　　　　） 「(船を)こいでいる」

(6) *num* 「飲む」 ➡ （　　　　　　　　） 「飲んでいる」

(7) *tub* 「飛ぶ」 ➡ （　　　　　　　　） 「飛んでいる」

4 fuig, fuugという地域もあるようです。

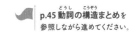
3-17　動詞の否定継起形「〜なくて」

　この課では「食べなくて」「歌わなくて」「行かなくて」など、**動詞の否定しながら続ける形（否定継起形）**を学びます。

ポイント

1. 動詞の否定継起形「〜なくて」は、語基A型に、否定継起接辞 -(r)adana¹ が付く。

2. 母音で終わる語基のとき否定継起接辞は -radana で、

　子音で終わる語基のとき否定継起接辞は -adana となる。

1.　否定継起形「〜なくて」

　否定継起接辞 -(r)adana は、語基A型に接続します。語基が母音で終わる場合には -radana、語基が子音で終わる場合には -adana を付けます。

　例えば「呼ぶ」という動詞の場合、基本語根（語基A型）の *abi* ² （母音終わり）に否定継起接辞 -radana を付けて **abi-radana**「**呼ばなくて**」となります。「待つ」という動詞の場合、基本語根の *mat* （子音終わり）に否定継起接辞 -adana を付けて **mat-adana**「**待たなくて**」となります。

	基本語根（語基A型）		否定継起形	「〜なくて」
母音終わり	*abi*	「呼ぶ」 →	abi-radana	「呼ばなくて」
	kuri	「くれる・あげる」 →	kuri-radana	「くれなくて」
子音終わり	*hak*	「書く」 →	hak-adana	「書かなくて」
	mat	「待つ」 →	mat-adana	「待たなくて」

1　- は接辞のマークです。
2　語根だけの形を、ななめ文字で表します。語根だけでは単語は成り立ちません。

発音してみよう！

「〜なくて、〜なくて…」と文を続ける形は、日常会話でよく使うほか、この後出てくる否定過去形「〜なかった」を理解する上でも重要です。いろいろな動詞で、実際に発音してみましょう。

abi -radana
呼ぶ - 否定継起
「呼ばなくて」

nas -adana
産む - 否定継起
「産まなくて」

sin -adana [3]
死ぬ - 否定継起
「死ななくて」

hak -adana
書く - 否定継起
「書かなくて」

mat -adana
待つ - 否定継起
「待たなくて」

uig -adana
泳ぐ - 否定継起
「泳がなくて」

kam -adana
食べる - 否定継起
「食べなくて」

asib -adana
遊ぶ - 否定継起
「遊ばなくて」

3 「しにゃだな」という地域もあるようです。

練習問題 次の動詞の否定継起形「〜なくて」を予想して書いてみましょう。

(1) *nibu* 「眠る」 ➡ （ 　　　　 ） 「眠らなくて」

(2) *furus* 「殺す」 ➡ （ 　　　　 ） 「殺さなくて」

(3) *ak* 「歩く」 ➡ （ 　　　　 ） 「歩かなくて」

(4) *tat* 「立つ」 ➡ （ 　　　　 ） 「立たなくて」

(5) *fug* [4] 「（船を）こぐ」 ➡ （ 　　　　 ） 「（船を）こがなくて」

(6) *num* 「飲む」 ➡ （ 　　　　 ） 「飲まなくて」

(7) *tub* 「飛ぶ」 ➡ （ 　　　　 ） 「飛ばなくて」

4 fuiq, fuuqという地域もあるようです。

動詞の否定過去形「〜なかった」

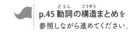 p.45 動詞の構造まとめを参照しながら進めてください。

この課では「食べなかった」「歌わなかった」「行かなかった」など、**過去の出来事を否定する言い方**を学びます。

 ポイント

「〜なかった」と過去の否定を表したいときには、2つの表し方がある。

1. 動詞の否定継起形「〜なくて」の後に ataN「〜あった」を続ける。

2. 語基A型に否定過去接辞 -(r)adanaata[1] と語尾接辞を付ける。

1. 否定過去形「〜なかった」

1-1 否定継起形 ＋ ataN

前の課で学んだ**否定継起形の動詞**「〜なくて」の後ろに、**ataN**「〜あった」を続けると「〜なかった」という意味になります。

あびらだな あたん **abiradana ataN**
呼ばなくて　あった
「呼ばなかった」

はかだな あたん **hakadana ataN**
書かなくて　あった
「書かなかった」

1-2 否定過去接辞 ＋ radanaata

否定継起形＋ataNの連続がくっついて1つになった形もあります。この場合は **-(r)adanaata** という**否定過去接辞**を想定した方が良さそうです。**否定過去接辞**は語基A型に接続します。語基が母音で終わる場合には **-radanaata**、語基が子音で終わる場合には **-adanaata** を付けます。

否定過去　直説

A型　-radanaata　-N

---

1 - は接辞のマークです。

例えば「帰る」という動詞の場合、基本語根（語基A型）の*mudu*[2]（母音終わり）に否定過去接辞 -radanaata と語尾接辞（ここでは、直説接辞 -N）を付けて mudu-radanaata-N「帰らなかった」となります。「待つ」という動詞の場合、基本語根の *mat*（子音終わり）に否定過去接辞 -adanaata と直説接辞 -N をつけて mat-adanaata-N「待たなかった」となります。

	基本語根 (語基A型)		否定過去形　　「〜なかった」	
母音終わり	*abi*	「呼ぶ」	abi-radanaata-N	「呼ばなかった」
	kuri	「くれる・あげる」	kuri-radanaata-N	「くれなかった」
子音終わり	*hak*	「書く」	hak-adanaata-N	「書かなかった」
	mat	「待つ」	mat-adanaata-N	「待たなかった」

2 語根だけの形を、ななめ文字で表します。語根だけでは単語は成り立ちません。

発音してみよう！

「〜なかった」という否定過去形は、日常会話でよく使います。いろいろな動詞で、実際に発音してみましょう。

abi -radanaata-N
呼ぶ - 否定過去 - 直説
「呼ばなかった」

nas -adanaata-N
産む - 否定過去 - 直説
「産まなかった」

sin -adanaata-N [3]
死ぬ - 否定過去 - 直説
「死ななかった」

hak -adanaata-N
書く - 否定過去 - 直説
「書かなかった」

mat -adanaata-N
待つ - 否定過去 - 直説
「待たなかった」

uig -adanaata-N
泳ぐ - 否定過去 - 直説
「泳がなかった」

kam -adanaata-N
食べる - 否定過去 - 直説
「食べなかった」

asib -adanaata-N
遊ぶ - 否定過去 - 直説
「遊ばなかった」

3 「しにゃだなあたん」という地域もあるようです。

次の動詞の否定過去形「〜なかった」を予想して書いてみましょう。

(1) *nibu* 「眠る」 ➡ ( ) 「眠らなかった」

(2) *furus* 「殺す」 ➡ ( ) 「殺さなかった」

(3) *ak* 「歩く」 ➡ ( ) 「歩かなかった」

(4) *tat* 「立つ」 ➡ ( ) 「立たなかった」

(5) *fug* [4] 「(船を)こぐ」 ➡ ( ) 「(船を)こがなかった」

(6) *num* 「飲む」 ➡ ( ) 「飲まなかった」

(7) *tub* 「飛ぶ」 ➡ ( ) 「飛ばなかった」

4 fuig, fuugという地域もあるようです。

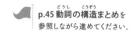
動詞の肯否疑問形「〜？」

この課では「食べる？」「歌う？」「行く？」など、**肯定/否定で回答できる疑問文を作る動詞の形**を学びます。少し説明が難しいところですので、分かりにくければ、実際の語形を発音しながら慣れていきましょう。

> **ポイント**
>
> 動詞の肯否疑問形「〜?」は、時制接辞の後に、肯否疑問接辞 -e[1] を付ける。
>
> **1.** 肯否疑問接辞の前の時制接辞は肯否疑問接辞と開口度（口の開く大きさ）が同じになり、
> 非過去接辞が -yo、過去接辞が -e になる。
>
> **2.** 肯否疑問接辞が否定接辞の後に続く場合には、語基がC型になる。

1. 肯否疑問形「〜?」

1-1 非過去／過去の肯否疑問形

　　肯否疑問接辞 -e は時制接辞に接続して、動詞が完成します。通常の時制接辞は、非過去接辞が -yu、過去接辞が -a ですが、肯否疑問接辞が後ろに来るときには、それぞれ -yo（非過去接辞）、-e（過去接辞）に変わってしまいます。これは、肯否疑問接辞の -e に発音が引っ張られて、時制接辞 -yu , -a の口の開き具合が変わった結果ではないか、と考えています。

「非過去形」　語根　非過去　肯否疑問
　　　　　　　　　-yo　　-e

「過去形」　語根　過去　肯否疑問
　　　　　　　　-e　　-e

　　具体的に「呼ぶ」という動詞の形を考えてみましょう。「呼ぶ」の語根は *abi*[2] です。例えば「（タカシを）呼ぶ？」等と聞きたいときには、語根の *abi* に、非過去接辞の -yo、肯否接辞の -e を続けて abi-yo-e?「呼ぶ？」となります。「呼んだ？」と聞きたいときには、語根の *abi* に過去接辞の -e 、肯否接辞の -e を付けて、abit-e-e?「呼んだ？」となります[3]。ちなみに、しまむにの疑問文はイントネーションが下がるので

| あ | び | よ | え |

のように、最後が下がるように発音しましょう。

---

1 - は接辞のマークです。　2 語根だけの形を、ななめ文字で表します。語根だけでは単語は成り立ちません。
3 過去接辞は語基C型に付くので、abi → abitになっています。詳しくは、3-15「動詞の過去形」を参照。

否定の肯否疑問形
<ruby>否定<rt>ひてい</rt></ruby> <ruby>肯否疑問<rt>こうひぎもん</rt></ruby>

「〜ない?」と、否定文を<ruby>尋<rt>たず</rt></ruby>ねるような言い方についても<ruby>確認<rt>かくにん</rt></ruby>します。<ruby>否定<rt>ひてい</rt></ruby>の<ruby>肯否疑問形<rt>こうひぎもん</rt></ruby>をつくる時には、<ruby>肯否疑問接辞<rt>こうひぎもんせつじ</rt></ruby> **-e** が、<ruby>否定接辞<rt>ひていせつじ</rt></ruby> **-ran** の後ろに付いて完成します。この時、<ruby>否定接辞<rt>ひていせつじ</rt></ruby> **-ran** は、<ruby>語基<rt>ごき</rt></ruby>C<ruby>型<rt>がた</rt></ruby>（**raj**）に変わります。

<ruby>否定<rt>ひてい</rt></ruby>「**否定形**」　| 語根 | 否定 | 肯否疑問 |

-raj　　-e

再び「<ruby>呼<rt>よ</rt></ruby>ぶ」という単語を例に見てみましょう。「<ruby>呼<rt>よ</rt></ruby>ぶ」の<ruby>語根<rt>ごこん</rt></ruby>は **abi** でした。「（あの人は）<ruby>呼<rt>よ</rt></ruby>ばないの?」と聞きたいとき、<ruby>語根<rt>ごこん</rt></ruby> **abi** に<ruby>否定接辞<rt>ひていせつじ</rt></ruby> **-raj**と<ruby>肯否接辞<rt>こうひせつじ</rt></ruby> **-e** が続いて <u>**abi-raj-e?**<ruby>**「呼ばない?」**<rt>あびらじぇ　よ</rt></ruby></u> となります。

発音してみよう!

<ruby>肯否疑問形<rt>こうひぎもん</rt></ruby>は、他の<ruby>動詞<rt>どうし</rt></ruby>の形と<ruby>比<rt>くら</rt></ruby>べると少し<ruby>複雑<rt>ふくざつ</rt></ruby>な変化をします。前の説明が分かりにくかった人は、<ruby>実際<rt>じっさい</rt></ruby>にいろいろな<ruby>動詞<rt>どうし</rt></ruby>を発音しながら、<ruby>慣<rt>な</rt></ruby>れていきましょう。

（1）<ruby>非過去<rt>ひかこ</rt></ruby>

<ruby>abi<rt>あびよえ</rt></ruby> -yo -e
呼ぶ -非過去-肯否疑問

「<ruby>呼<rt>よ</rt></ruby>ぶ?」

<ruby>nas<rt>なしょえ</rt></ruby> -yo -e
産む -非過去-肯否疑問

「産む?」

<ruby>sin<rt>しにょえ</rt></ruby> -yo -e
死ぬ -非過去-肯否疑問

「死ぬ?」

<ruby>hak<rt>はきょえ</rt></ruby> -yo -e
<ruby>hac<rt>はちょえ</rt></ruby> -yo -e [4]
書く -非過去 -肯否疑問

「書く?」

<ruby>mat<rt>まてょえ</rt></ruby> -yo -e
<ruby>mac<rt>まちょえ</rt></ruby> -yo -e
待つ -非過去-肯否疑問

「待つ?」

<ruby>uig<rt>ういぎょえ</rt></ruby> -yo -e
<ruby>uiz<rt>ういじょえ</rt></ruby> -yo -e [5]
泳ぐ -非過去-肯否疑問

「泳ぐ?」

<ruby>kam<rt>かみょえ</rt></ruby> -yo -e
食べる -非過去-肯否疑問

「食べる?」

<ruby>asib<rt>あしびょえ</rt></ruby> -yo -e
遊ぶ -非過去-肯否疑問

「遊ぶ?」

4 cyoは「チョ」と読んでください。

5 zyoは「ジョ」と読んでください。

(2) 過去(かこ)

abit -e -e （あびてー）
呼ぶ -過去 -肯否疑問
「呼(よ)んだ?」

nach -e -e （なちぇー）
産む -過去 -肯否疑問
「産んだ?」

sij -e -e （しじぇー）
死ぬ -過去 -肯否疑問
「死んだ?」

hach -e -e （はちぇー）
書く -過去 -肯否疑問
「書いた?」

mach -e -e （まちぇー）
待つ -過去 -肯否疑問
「待った?」

uij -e -e （ういじぇー）
泳ぐ -過去 -肯否疑問
「泳いだ?」

kad -e -e （かでー）
食べる -過去 -肯否疑問
「食べた?」

asid -e -e （あしでー）
遊ぶ -過去 -肯否疑問
「遊んだ?」

(3) 否定(ひてい)

abi -raj -e （あびらじぇ）
呼ぶ -否定 -肯否疑問
「呼(よ)ばない?」

nas -aj -e （なさじぇ）
産む -否定 -肯否疑問
「産まない?」

sin -aj -e [6] （しなじぇ）
死ぬ -否定 -肯否疑問
「死なない?」

hak -aj -e （はかじぇ）
書く -否定 -肯否疑問
「書かない?」

mat -aj -e （またじぇ）
待つ -否定 -肯否疑問
「待たない?」

uig -aj -e （ういがじぇ）
泳ぐ -否定 -肯否疑問
「泳がない?」

kam -aj -e （かまじぇ）
食べる -否定 -肯否疑問
「食べない?」

asib -aj -e （あしばじぇ）
遊ぶ -否定 -肯否疑問
「遊ばない?」

6 「しにゃじぇ」という地域もあるようです。

次の動詞の肯否疑問形を予想して書いてみましょう。

(1) **nibu**　「眠る」　➡　（　　　　　　　　）「眠る?」

(2) **furus**　「殺す」　➡　（　　　　　　　　）「殺す?」

(3) **ak**　「歩く」　➡　（　　　　　　　　）「歩く?」

(4) **tat**　「立つ」　➡　（　　　　　　　　）「立つ?」

(5) **fug** [7]　「(船を)こぐ」　➡　（　　　　　　　　）「(船を)こぐ?」

(6) **num**　「飲む」　➡　（　　　　　　　　）「飲む?」

(7) **tub**　「飛ぶ」　➡　（　　　　　　　　）「飛ぶ?」

7　fuig, fuugという地域もあるようです。

3-20

動詞のWH疑問形「(何を)〜?」

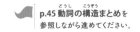

p.45 動詞の構造まとめを
参照しながら進めてください。

この課では「(何を: what)食べる?」「(誰が: who)歌う?」「(どこに: where)行く?」など、**具体的な回答を求める疑問文(WH疑問文)**を作る動詞の形を学びます。

ポイント

動詞のWH疑問形「(何を)〜?」は、非過去接辞の後に、WH疑問接辞 - i [1] を付ける。

1. 過去のWH疑問にはテ形と同じ形を使う。

2. WH疑問接辞が否定接辞の後に続く場合には、語基がC型になる。

1. WH疑問形「(何を)〜?」

 非過去のWH疑問形

非過去のWH疑問形を作りたいとき、WH疑問接辞 - i は非過去接辞に接続します。

「非過去のWH疑問形」

語根　非過去　WH疑問

-yu　　　-i

具体的に「呼ぶ」という動詞の形を考えてみましょう。「呼ぶ」の語根は **abi** [2] です。例えば「(誰を)呼ぶ?」等と聞きたいときには、語根の **abi** に、非過去接辞の **-yu**、WH疑問接辞の **- i** を続けて **abi-yu-i?**「(誰を)呼ぶ?」となります。

(1)	たる　　あびゆい＝[※]よー?
	誰　　　　呼ぶの＝か
	「誰を呼ぶの?」

---

1 - は接辞のマークです。

2 語根だけの形を、ななめ文字で表します。語根だけでは単語は成り立ちません。

※ このテキストでは、他のことばと区別するために、助詞の前に「＝」をつけています

84

1-2 過去のWH疑問形

過去のWH疑問形はテ形（3-11「動詞のテ形」参照）で表します。

「（誰を）呼んだ？」と聞きたいときには、語根の *abi* のテ形の **abit-i** で表すことができます。

（2）　　　　**たる　　あびてぃ＝よー？**

誰　　　　呼んだ＝か

「誰を呼んだの？」

1-3 否定のWH疑問形

「（何が）〜ないの？」と、否定文を尋ねるような言い方についても確認します。否定のWH疑問形をつくる時には、WH疑問接辞 **-i** が、否定接辞 **-ran** の後ろに付いて完成します。この時、否定接辞 **-ran** は、語基C型（**raj**）に変わります。

「否定形」

-raj　　-i

再び「呼ぶ」という単語を例に見てみましょう。「呼ぶ」の語根は *abi* でした。「（誰を）呼ばないの？」と聞きたいとき、語根 *abi* に否定接辞 **-raj** とWH疑問接辞 **-i** が続いて **abi-raj-i?**「（誰を）呼ばないの？」となります。

（3）　　　　**たる　　あびらじ＝よー？**

誰　　　　呼ばない＝か

「誰を呼ばないの？」

非過去と否定のWH疑問形を発音してみましょう。否定の場合は語基C型になることに注意です！2段ある場合、上の段が上平川方言（西部方言）、下の段が国頭方言（東部方言）を表しています。

(1) 非過去

あびゆい
abi -yu -i

呼ぶ - 非過去 - WH疑問

「（誰を）呼ぶ？」

なちゅい
nac -yu -i

産む - 非過去 - WH疑問

「（誰を）産む？」

しにゅい
sin -yu -i

死ぬ - 非過去 - WH疑問

「（誰が）死ぬ？」

はきゅい
hak -yu -i

はちゅい
hac -yu -i [3]

書く - 非過去 - WH疑問

「（何を）書く？」

まてゅい
mat -yu -i

まちゅい
mac -yu -i

待つ - 非過去 - WH疑問

「（誰を）待つ？」

ういぎゅい
uig -yu -i

ういじゅい
uiz -yu -i [4]

泳ぐ - 非過去 - WH疑問

「（誰が）泳ぐ？」

かみゅい
kam -yu -i

食べる - 非過去 - WH疑問

「（何を）食べる？」

あしびゅい
asib -yu -i

遊ぶ - 非過去 - WH疑問

「（誰と）遊ぶ？」

3 cyuは「チュ」と読んでください。
4 zyuは「ジュ」と読んでください。

(2) 否定

あびらじ
abi -raj -i

呼ぶ -否定 - WH疑問

「（誰を）呼ばない？」

なさじ
nas -aj -i

産む -否定 - WH疑問

「（誰を）産まない？」

しなじ
sin -aj -i

死ぬ -否定 - WH疑問

「（誰が）死なない？」

はかじ
hak -aj -i

書く -否定 - WH疑問

「（何を）書かない？」

またじ
mat -aj -i

待つ -否定 - WH疑問

「（誰を）待たない？」

ういがじ
uig -aj -i

泳ぐ -否定 - WH疑問

「（誰が）泳がない？」

かまじ
kam -aj -i

食べる -否定 - WH疑問

「（何を）食べない？」

あしばじ
asib -aj -i

遊ぶ -否定 - WH疑問

「（誰と）遊ばない？」

次の動詞のWH疑問形を予想して書いてみましょう。

(1) *nibu* 「眠る」 ➡ ( ) 「眠る?」

(2) *furus* 「殺す」 ➡ ( ) 「殺す?」

(3) *ak* 「歩く」 ➡ ( ) 「歩く?」

(4) *tat* 「立つ」 ➡ ( ) 「立つ?」

(5) *fug* 5 「(船を)こぐ」 ➡ ( ) 「(船を)こぐ?」

(6) *num* 「飲む」 ➡ ( ) 「飲む?」

(7) *tub* 「飛ぶ」 ➡ ( ) 「飛ぶ?」

5 fuig, fuugという地域もあるようです。

存在を表す動詞

この課では「いる」「いない」「ある」「ない」などの**存在を表す動詞**について勉強します。

ポイント

1. 生き物の存在を表すには「うん（いる）」「うらん（いない）」と使う。

2. 物の存在を表すには「あん（ある）」「なん（ない）」を使う。

3. 存在動詞は、これまで学んできた動詞とは活用の種類や仕方がちがう。

1. 存在を表す動詞

1-1 生き物の存在

人や動物などの生き物がいるか、いないかを表すときには「**うん**（いる）」と、その否定形の「**うらん**（いない）」を使います。

（1）	「そこに人が**いる**」	
'まー＝※に	ちゅー＝ぬ	うん
そこ＝に	人＝が	いる

（2）	「だれも人が**いない**」	
たる＝む	ちゅー＝わ	うらん
だれ＝も	人＝は	いない

1-2 物の存在

物があるか、ないかを表すときには「**あん**（ある）」と「**なん**（ない）」を使います。

（1）	「あそこに畑が**ある**」	
あま＝に	ふぁってー＝ぬ	あん
あそこ＝に	畑＝が	ある

（2）	「ここには何も**ない**」	
まー＝に＝わ	ぬー＝む	なん
ここ＝に＝は	何＝も	ない

※ このテキストでは、他のことばと区別するために、助詞の前に「＝」をつけています

88

2. 主な活用

　存在を表す動詞は、その意味的な特徴から、これまで学んできた一般の動詞と比べて形の変化が制限されます。たとえば「**あん**（ある）」の進行形などはありません（日本語でもないですよね）。

　また、活用の仕方が少し違うところもあります。例えば、これまで学んできた動詞では非過去形に **-yu** という接辞が入りましたが（例：hak-yu-N「書く」）、存在動詞ではこれが入りません。特に「**なん**（ない）」の変化は特別です。

　表1に主な活用をまとめますので、実際に発音しながら、少しずつ覚えていきましょう。

表1. 存在を表す動詞の主な活用形

		aN「ある」	uN「いる」	naN「ない」
意志形	-(r)aa	a-raa　あろう	u-raa　いよう	—
命令形	-(r)i	a-ri　あれ	u-ri　いろ	—
禁止形	-(r)una/Nna	a-Nna　あるな	u-Nna　いるな	—
条件形	-(r)iba	a-riba　あれば	u-riba　いれば	—
否定形	-(r)aN	—	u-ra-N　いない	—
否定継起形	-(r)adana	—	u-radana　いなくて	—
否定過去形	-(r)adanaa	—	u-radanaat-a-N　いなかった	—
連用形	-i	a-i　あり・・・	u-i　い・・・	—
丁寧形	-yabu	a-yabu-N　あります	u-yabu-N　います	na-abu-ra-N [1]　ないです
非過去形		a-N　ある	u-N　いる	na-N　ない
テ形	-i	at-i　あって	ut-i　いて	naaj-i　なくて
過去形	-a	at-a-N　あった	ut-a-N　いた	na-adanaat-a-N　なかった
進行形	-u	—	—	—
肯否疑問形	-e	a-e　ある？	o-e　いる？	naaz-e　ない？
WH疑問形	-i	a-i　（何か）ある？	u-i　（だれか）いる？	naaz-i　（何が）ない？

1　形としては「ない」の語根に、丁寧の接辞と否定の接辞が付いたような、不思議な形です。

実際に発音しながら、形の変化に慣れていきましょう。

（1） 夕食の献立をたてていて

今、家に何がある？

なま　やー＝に　ぬー＝ぬ　あい＝よー？

今　　　家＝に　　　何＝が　　　ある＝の

じゃがいもがあるよ

うむ＝ぬ　あん＝どー

いも＝が　　　ある＝よ

肉はある？

しし＝わ　あえー

肉＝は　　　ある

あるよ

あん＝どー

ある＝よ

じゃあ、コロッケにしよう

がんしりゃ　コロッケ＝に　しらー

そしたら　　　コロッケ＝に　　　しよう

（2） 家族について話していて

今、家にだれがいるの？

なま　やー＝に　たる＝が　うい＝よー？

今　　　家＝に　　　だれ＝が　　　いる＝の

兄がいるよ

みー＝が＝どぅ　うん＝どー

兄＝が＝こそ　　　いる＝よ

お姉さんはいる？

あや＝わ　おえー？

姉＝は　　　いる

お姉さんは鹿児島にいるよ

あや＝わ　かごしま＝に　うん＝どー

姉＝は　　　鹿児島＝に　　　いる＝よ

(3)　探し物をしている人に

何がないの？
ぬー＝ぬ　なーじ＝よー？
　　何＝が　　　　ない＝の

めがねがないよ
みーはがに＝ぬ　なん
　　眼鏡＝が　　　　ない

机の上にはない？
つくえ＝ぬ　'わーび＝に＝わ　なーぜー？
　　机＝の　　　上＝に＝は　　　　ない

机にもないよー
つくえ＝に＝む　なん＝でゃー
　　机＝に＝も　　　ない＝ね

下記の単語を使いながら、しまむにの文に直してみましょう。
その時に、特に下線部をしまむにで何というか注意しましょう。
助詞については4-3「いろいろな助詞」を参考にしてください。

　　　　むかし（昔）　　　　あじ（おばあちゃん）　　　　じゃーじゃー（おじいちゃん）

　　　　やー（家）　　　　いぬ（犬）　　　　'みゃー（猫）　　　　はがま（釜）

(1)　**昔、家には犬が**いて**、猫は**いなかった**。**

----

(2)　**家にはラジオが**あって**、テレビは**なかった**。**

----

(3)　**おじいちゃんは家に**いなくて**、おばあちゃんは**いた**。**

----

(4)　**炊飯器が**なくて**、釜が**あった**。**

ふきそくどうし
不規則動詞

この課では「する」「来る」「行く」など、**不規則な活用をする動詞**について勉強します。

ポイント

「**しゅん（する）**」「**きゅん／ちゅん（来る）**」「**いきゅん／いちゅん（行く）**」は

他の動詞と違う活用をする。

ふきそくどうし
1. 不規則動詞

動詞の「**しゅん（する）**」「**きゅん／ちゅん（来る）**」「**いきゅん／いちゅん（行く）**」は、とてもよく使う動詞ですが、他の動詞とは活用が違うところがあります。

例えば「**しゅん（する）**」は「する」と非過去を表すときも「している」と進行中の動作を表すときも「しゅん」と、同じ形なのが特徴的です。「来る」は、命令形が「**ふー（来い）**」、否定形が「**ふん（来ない）**」と、少し変わった活用をするところがあります。「行く」は「**いじゃん（行った）**」「**いじ（行って）**」と、過去形やテ形に「じ」の音が出てくるのが、他の基本語根（語基A型）がkで終わる動詞と異なるところです。（表1）

表1. k終わり動詞の活用と「行く」の活用の違い

	「書く」(ふつうのk終わり動詞)	「行く」
意志形（語基A型）	hak-aa 「書こう」	ik-aa 「行こう」
連用形（語基B型）	hak-i 「書き…」	ik-i 「行き…」
テ形（語基C型）	hach-i 「書いて」	ij-i [1] 「行って」

1 他のk終わりの動詞ではテ形は「ハチ（書いて）」など「チ」の音が出ますが、「行く」は「イジ」となります。

2. 不規則動詞の活用

不規則動詞はよく使う動詞でもあるので、実際の活用形を発音しながら覚えていきましょう。

表2.「する」「来る」「行く」の活用（2つ書いているときは、知名方言／和泊方言です）

		する	来る	行く
意志形	-(r)aa	si-raa　しよう	fuu-raa　来よう	ik-aa　行こう
命令形	-(r)i	si-i　しろ	fuu　来い	ik-i　行け
禁止形	-(r)una/Nna	si-Nna　するな	fu-Nna　来るな	ik-una　行くな
条件形	-(r)iba	si-riba　すれば	ku-riba　来れば	ik-iba　行けば
否定形	-(r)aN	si-ra-N　しない	fuu-ra-N　来ない	ik-a-N　行かない
否定継起形	-(r)adana	si-radana　しなくて	fuu-radana　来なくて	ik-adana　行かなくて
否定過去形	-(r)adanaa	si-radanaat-a-N　しなかった	fuu-radanaat-a-N　来なかった	ik-adanaat-a-N　行かなかった
連用形	-i	si-i　し…	ki / ci [1]　来…	ik-i / ic-i　行き…
丁寧形	-yabu	s-yaabu-N　します	k-yaabu-N/c-yaabu-N　来ます	ik-yabu-N/ic-yabu-N　行きます
非過去形	-yuN	s-yuN　する	k-yu-N/c-yu-N　来る	ik-yu-N/ic-yu-N　行く
テ形	-i	si-i　して	kich-i　来て	ij-i　行って
過去形	-a	sy-a-N　した	kich-a-N　来た	ij-a-N　行った
進行形	-u	sy-u-N　している	kich-u-N　来ている	ij-u-N　行っている
肯否疑問形	-e	s-yoe　する？	k-yoe / c-yoe　来る？	ik-yoe / ic-yoe　行く？
WH疑問形	-i	s-yui　（何を）する？	k-yui/ c-yui　（だれが）来る？	ik-yui / ic-yui　（だれが）行く？

1 ciを「ち」、cyaを「ちゃ」、cyuを「ちゅ」、cyoを「ちょ」と読んでください。

発音してみよう！ **実際に発音しながら、形の変化に慣れていきましょう。**

「 / 」で区切られているのは、西部方言（上平川方言）/ 東部方言（国頭方言）です。

(1)

今日は何をするの？

ひゅー＝[※]わ　ぬー　しゅい＝よー？

今日＝は　　　何　　　する＝の

テニスの練習するよ

てにす＝ぬ　練習　しゅん＝どー

テニス＝の　　練習　　する＝よ

宿題はするの？

しゅくだい＝わ　しょえー？

宿題＝は　　　　する

いや、宿題（は）しないよ

あーい　しゅくだい　しらん＝どー

いや　　宿題　　　しない＝よ

(2)

どこに行くの？

うだ＝ち　いきゅい／いちゅい　＝よー？

どこ＝へ　　　　　行く＝の

Aコープに行くよ

えーこーぷ＝ち　いきゅん／いちゅん　＝どー

Aコープ＝へ　　　　　行く＝よ

まさみも行くの？

まさみ＝む　いきょえー／いちょえー　？

まさみ＝も　　　　　行くの

いや、まさみは行かないよ

あーい　まさみ＝わ　いかん＝どー

いや　　まさみ＝は　行かない＝よ

※ このテキストでは、他のことばと区別するために、助詞の前に「＝」をつけています

(2)

だれが来るの？

たる＝が　　きゅい／ちゅい　＝よー？

だれ＝が　　　　来る＝の

たかしが来るよ

たかし＝が　　きゅん／ちゅん　どー

たかし＝が　　　　来る＝よ

ときおは来るの？

ときお＝わ　　きょえー／ちょえー　？

ときお＝は　　　　　来るの

いや、ときおは来ないよ

あーい　　ときお＝わ　　ふん＝どー

いや　　　ときお＝は　　来ない＝よ

練習問題	下記の単語を使いながら、しまむにの文に直してみましょう。 その時に、特に下線部をしまむにで何というか注意しましょう。 助詞については4-1「主語と目的語を表す助詞」4-3「いろいろな助詞」を参考にしてください。

むんがったい（(昔)話）　　　　あじ（おばあちゃん）

あぐ（友達）　　　　やー（家）　　　　ほいむん（買い物）

(1) **家に友達が** 来た。

⋯⋯⋯⋯⋯⋯⋯⋯⋯⋯⋯⋯⋯⋯⋯⋯⋯⋯⋯⋯⋯⋯⋯⋯⋯⋯⋯⋯⋯⋯

(2) **おばあちゃんが** 来て、**昔話を** した。

⋯⋯⋯⋯⋯⋯⋯⋯⋯⋯⋯⋯⋯⋯⋯⋯⋯⋯⋯⋯⋯⋯⋯⋯⋯⋯⋯⋯⋯⋯

(3) **車を運転** して、**空港へ** 行った。

⋯⋯⋯⋯⋯⋯⋯⋯⋯⋯⋯⋯⋯⋯⋯⋯⋯⋯⋯⋯⋯⋯⋯⋯⋯⋯⋯⋯⋯⋯

(4) **鹿児島へ** 行って、**買い物を** した。

⋯⋯⋯⋯⋯⋯⋯⋯⋯⋯⋯⋯⋯⋯⋯⋯⋯⋯⋯⋯⋯⋯⋯⋯⋯⋯⋯⋯⋯⋯

です・だった・じゃない

この課ではこの課では「〜です」「〜だった」「〜じゃない」などの表現を学びます。

1. だ・だった

日本語の「〜だった」は、しまむにでは「**あたん**」と言います。これは、動詞「**あん**」の過去形です。他に「**やたん**」という言い方もあります。

（1）
　　　　　　　　　「**私の母は、昔、先生だった**」

わん　　**あま=※わ**　　**むかし**　　**せんせい**　　**あたん**
------　　--------　　------　　------　　------
私の　　　　母=は　　　　　昔　　　　　先生　　　　だった

（2）
　　　　　　　　　　　「**ここは昔、畑だった**」

まー=わ　　**むかし**　　**ふぁってー**　　**やたん**
--------　　------　　--------　　------
ここ=は　　　　昔　　　　　畑　　　　　　だった

　ちなみに「〜だ」と、現在のことを表すときには、動詞「**あん**」は使わずに「**どー**」や「**でゃー**」などの終助詞を使って表します。

（3）
　　　　　　　　　　「**あの人は、先生だよ**」

あん　　**ちゅー=わ**　　**せんせい=どーやー**
------　　--------　　----------------
あの　　　　人=は　　　　　先生=だよ

（4）
　　　　　　　　　　　「**あれはくじらだ**」

あり=わ　　**ぐじや=でゃー**
--------　　------------
あれ=は　　　　クジラ=よ

※ このテキストでは、他のことばと区別するために、助詞の前に「=」をつけています

2. じゃない・じゃなかった

「～じゃない（ではない）」を表すには「**あらん**」を使います。これは、動詞「**あん**」の否定形です。

> (5) 　　　　　　　　　　「あれはこの世の人間ではない…」
>
> | あり＝わ | ふぬ | ゆ＝ぬ | にんげん＝わ | あらん |
> |---|---|---|---|---|
> | あれ＝は | この | 世＝の | 人間＝は | ない |

> (6) 　　　　　　　　「あれは花子じゃない。美保子だよ」
>
> | あり＝わ | はなこ | あらん | みほこ＝どー |
> |---|---|---|---|
> | あれ＝は | 花子 | じゃない | 美保子＝だよ |

「～じゃなかった」を表すときには「**あらだなたん**」と言います。これは動詞「**あん**」の否定過去形です。

> (7) 　　　　　　「昔、テレビはカラーじゃなかったよ。白黒だったよ」
>
> | むかし | テレビ＝わ | カラー | あらだなあたん | しろくろ | あたん＝どー |
> |---|---|---|---|---|---|
> | 昔 | テレビ＝は | カラー | じゃなかった | 白黒 | だった＝よ |

3. です・でした

日本語の「～です」は、しまむにでは「**でぃろ**」と言います。

---

(8)　　　　　　　　　　「私は花子です」

わぬ＝わ　　**はなこ**　　**でぃろ**
　私＝は　　　　　花子　　　　　です

---

(9)　　　　　　　　　「あれは何ですか?」

あり＝わ　　**ぬー**　　**でぃろ＝よー?**
　あれ＝は　　　　何　　　　　です＝か

「**でぃろ**」は活用変化をしません。「～でした」と過去のことを言いたいときには、1で紹介した「**あん**」の丁寧過去形「**あやぶたん**」を使います。

---

(10)　　　　　　　「あの人は昔、先生でした」

あん　　**ちゅー＝わ**　　**むかし**　　**せんせい**　　**あやぶたん**
　あの　　　　人＝は　　　　　昔　　　　　先生　　　　　でした

---

4. 「あん」「や」の活用

　このように、日本語の「〜だった」「〜じゃない」「〜でした」などの表現は、動詞「**あん**」や「**や**」を活用して表します。こうした「**あん**」と「**や**」の主な活用について、表1でまとめます。

表1.「あん」、「や」の活用形

		あん aN「〜だ」		や ya「〜だ」	
条件形 じょうけん	-riba	ありば a-riba	「〜ならば」	やりば ya-riba	「〜ならば」
否定形 ひてい	-raN	あらん a-raN	「〜じゃない」		
否定過去形 ひていかこ	-radanaataN	あらだなあたん a-radanaataN	「〜じゃなかった」		
連用形 れんようけい	-i	あい　ぎさん a-i（gisaN）	「〜(みたい)」	やい　ぎさん ya-i（gisaN）	「〜(みたい)」
丁寧形 ていねい	-yabu	あやぶん a-yabu-N	「〜です」		
非過去形 ひかこ		あん a-N	「〜だ」		
テ形	-i	あてぃ at-i	「〜で・〜だから」	やてぃ yat-i	「〜で・〜だから」
過去形 かこ	-a	あたん at-a-N	「〜だった」	やたん yat-a-N	「〜だった」

下記の単語を使いながら、しまむにの文に直してみましょう。

その時に、特に下線部をしまむにで何というか注意しましょう。

助詞については 4-3「いろいろな助詞」を参考にしてください。

あちゃ（父）　　わぬ（私）　　うとぅ（弟）　　あや（姉）　　みー（兄）

(1)　たかしは私の兄じゃない。弟だ。

---

(2)　私の父は、昔、先生だった。

---

(3)　私はたかしの姉です。

形容詞

ポイント

1. 形容詞には「－さ」で終わる形と「－しゃ」で終わる形がある。
2. 「あまさん（甘い）」のように1語でいう形と、「あまさ　あん（甘い）」のように2語でいう形がある。
3. 否定を表すときには「なん（ない）」と使う。
4. 動詞「あん」と同じ活用をする。

1. 「さ形容詞」と「しゃ形容詞」

　しまむにの形容詞には「**へーさ**（早い）」など「－さ（ん）」で終わる形と、「**－みじらしゃ**」など「－しゃ（ん）」で終わる形があります。意味は「－しゃ（ん）」の形容詞は人の感情や状態を表す語が多く、「－さ（ん）」で終わる形容詞は、人以外の性質や状態を表す語が多いといった傾向があります。

　表1に主な「さ形容詞」「しゃ形容詞」をまとめました。

表1. 主な形容詞

さ形容詞			しゃ形容詞		
あまさ	あまさん	「甘い」	みじらしゃ	みじらしゃん	「面白い」
'まさ	'まさん	「おいしい」	ほーらしゃ	ほーらしゃん	「嬉しい」
あちさ	あちさん	「暑い」	はまらしゃ	はまらしゃん	「うるさい」
ひーさ	ひーさん	「寒い」	わーしゃ	わーしゃん	「おかしい」
うひさ	うひさん	「大きい」	むじかしゃ	むじかしゃん	「むずかしい」
いくさ	いくさん	「小さい」	はなしゃ	はなしゃん	「かわいい・愛しい」
たかさ	たかさん	「高い」			
ひゃーさ	ひゃーさん	「低い」			
へーさ	へーさん	「早い」			
にさ	にさん	「遅い」			
きらさ／ちゅらさ	きらさん／ちゅらさん[1]	「きれい」			

1 西部方言では「きらさん」、東部方言では「ちゅらさん」などと言います。

2. 形容詞の2つの表し方

　形容詞は1語で言うことも、「－さ／しゃ」＋「あん」の2語にわけることもできます。例えば、「甘い」ことは1語で「**あまさん**」と言うことも、2語に分けて「**あまさ　あん**」と言うこともできます。

　しゃ形容詞も同様で、「面白い」ことは「**みじらしゃん**」とも「**みじらしゃ　あん**」とも言うことができます。

「甘い」	あまさん 甘い	＝	あまさ 甘い	あん ある
「面白い」	みじらしゃん 面白い	＝	みじらしゃ 面白い	あん ある

3. 形容詞の否定形

　では、「甘くない」「面白くない」など、形容詞の否定形はどうやって作るでしょうか?この場合は形容詞を2語で表す後半の部分が「**あん**（～ある）」から「**なん**（～ない）」に代わります。

　「甘くない」は「**あまさ　なん**」、「面白くない」は「**みじらしゃ　なん**」になるのです。

否定形

「甘い」	あまさ 甘い	あん ある	⟷	あまさ 甘い	なん ない	「甘くない」
「面白い」	みじらしゃ 面白い	あん ある	⟷	みじらしゃ 面白い	なん ない	「面白くない」

4. 形容詞の活用の仕方

　次に、形容詞の過去形についてみてみましょう。「甘かった」「面白かった」などという時も、形容詞の後半の部分が、動詞の「**あん**（〜ある）」と同じように変化します。

　例えば「甘かった」だと、「甘い」を表す「**あまさ　あん**」の後半の「**あん**（〜ある）」が過去形「**あたん**（あった）」になることで「**あまさ　あたん**（甘かった）」となります。

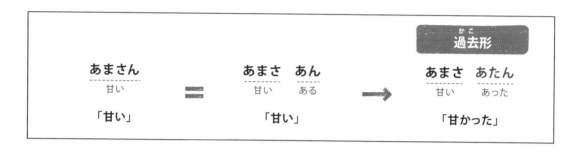

　変化がわかりやすい2語の形を紹介しましたが、過去形も「**あまさーたん**」のように2語をくっつけて、1語で発音することもできます。

　同じように「面白かった」は、「面白い」を表す「**みじらしゃ　あん**」の後半の「**あん**（〜ある）」が過去形「**あたん**（あった）」になることで「**みじらしゃ　あたん**（面白かった）」となります。

　「**あん**（〜ある）」の活用については、3-23「です・だった・じゃない」を復習してみましょう。

5. 会話してみよう

ひゅー＝※わ　　えらぶ＝わ　　あつぁん＝どー
今日＝は　　沖永良部島＝は　　暑い＝よ

「今日は沖永良部島は暑いよ」

がんでぃろ＝なー？　とーきょー＝わ　ひーさん＝どーやー
そうです＝か　　　　東京＝は　　　　寒い＝ですよ

「そうですか、東京は涼しいですよ」

ひゅー＝わ　おーらてぃ　ほーらしゃ　あやぶたん＝どー
今日＝は　　会えて　　　嬉しい　　　でした＝よ

「今日は会えて嬉しかったです」

わん＝む　みじらしゃ　あたん＝どー　みへでぃろ＝どー
私＝も　　面白い　　　あった＝よ　　ありがとう＝よ

「私も楽しかったよ。　ありがとう」

6. 調べてみよう

しまむにで、色（赤い、青いなど）を何と言うか調べてみましょう。形容詞の形はどんな形でしょうか？
また、しまむにで色を表すことばは、いくつあるでしょう？

※ このテキストでは、他のことばと区別するために、助詞の前に「＝」をつけています

3-25 副詞・接続詞・感動詞

ここまでの課では、しまむにの名詞・動詞・形容詞について学んできました。この課では、残りの品詞（副詞・接続詞・感動詞）について、会話の中でよく出てくる単語を紹介します。

1. 副詞

副詞には、時間、頻度、程度などを表すことばがあります。よく出てくる単語を紹介しますので、文を読みながら覚えていきましょう。

表1. いろいろな副詞

時間	頻度	程度	量
なー　（もう） なま　（今）	いちむ　（いつも） ひーじゅ　（ずっと）	しったい　（とても） あんまい　（あんまり） ちぶ　　　（ちっとも）	がば　　　（たくさん） まんでぃ　（たくさん） いちゃま　（少し）

1-1 時間を表す副詞

時間を表すことばには「**なま**（今）」や「**なー**（もう）」などがあります。

(1)

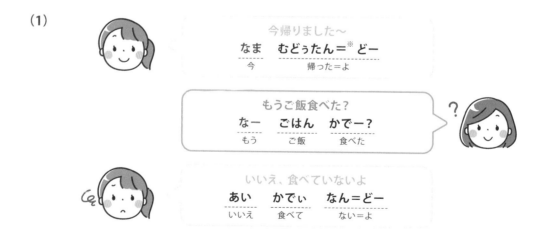

今帰りました～
なま　むどぅたん＝※**どー**
今　　帰った＝よ

もうご飯食べた？
なー　ごはん　かでー？
もう　ご飯　　食べた

いいえ、食べていないよ
あい　かでぃ　なん＝どー
いいえ　食べて　ない＝よ

※ このテキストでは、他のことばと区別するために、助詞の前に「＝」をつけています

104

1-2 程度を表す副詞

程度を表す副詞には「**しったい**（とても）」「**あんまい**（あんまり）」「**ちぶ**（ちっとも）」などがあります。

(2) の3人は、気温の感じ方がかなり違うみたいですね。

(2)

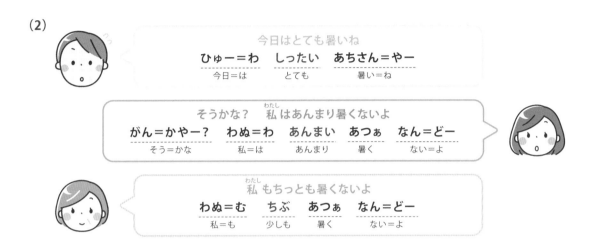

今日はとても暑いね

ひゅー＝わ　しったい　あちさん＝やー
今日＝は　　　とても　　暑い＝ね

そうかな？　私はあんまり暑くないよ

がん＝かやー？　わぬ＝わ　あんまい　あつぁ　なん＝どー
そう＝かな　　　私＝は　　あんまり　暑く　　ない＝よ

私もちっとも暑くないよ

わぬ＝む　ちぶ　あつぁ　なん＝どー
私＝も　　少しも　暑く　　ない＝よ

1-3 量を表す副詞

量を表す副詞には「**がば**（たくさん）」「**いちゃま**（少し）」などがあります。

(3)

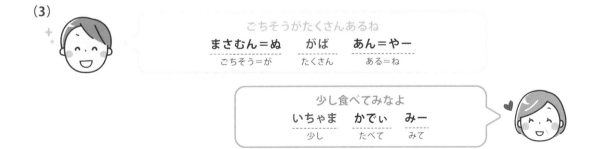

ごちそうがたくさんあるね

まさむん＝ぬ　がば　あん＝やー
ごちそう＝が　たくさん　ある＝ね

少し食べてみなよ

いちゃま　かでぃ　みー
少し　　たべて　みて

2. 接続詞

会話を聞いていると、会話をつなぐ時に「**がんし（そして・だから）**」ということばをよく使います。

（4）

私の父は神戸に行って、そして（それから）島に戻って来たんだよ

わん	**あちゃ＝わ**	**こーべ＝ち**	**いじ**	**がんし**	**しま＝ち**	**むどぅてぃ**	**きちゃん＝どやー**
私の	父＝は	神戸＝へ	行って	そして	島＝へ	戻って	来た＝だよ

（5）

私は携帯を忘れた。だからここであんたを待っていたんだよ

わな	**けいたい**	**わしりたん。**	**がんし**	**まー＝にてぃ**	**うら**	**まちゅたん＝どやー**
私は	携帯	忘れた	だから	ここ＝で	あんた	待っていた＝だよ

「**がんし**」は「**がんし　しゃとぅ（そうしたら）**」「**がんし　しー（そうして）**」など、後ろに動詞がついて、いろいろな言い方をします。ぜひ、実際の会話を聞いて、どんな使い方をするか観察してみて下さい。

3. 感動詞

感動（おどろき・喜びなど）を表したり、呼びかけたり、応答したり、あいさつすることばは「感動詞」と呼ばれます。あいさつ・応答については、5-1「いろいろなあいさつ」にまとめているので、ここで感動と呼びかけを表す語を紹介します。

(6)の「**あべー**」は、おどろいた時に口をつくことばです。「**はっせー**」は安心した時などによく使います。
(7) の「**'やー**」は「ねえ」と相手に呼びかける時に使います。「**'やー**」は「**つやー**」のように発音します。

（6）

あらしまった、財布がない！

あべー	**しもたん**	**さいふ＝ぬ**	**なん！**
あら	しまった	財布＝が	ない

ここに落ちてたよ

まー＝に	**うてぃとぅたん＝どー**
ここ＝に	落ちていた＝よ

あー、おどろいた。良かった

はっせー	**うどぅるちゃん**	**ゆくゎたん＝やー**
あー	おどろいた	良かった＝ね

(7)

ねえ、何か落ちたよ

'やー　ぬー＝か　うてぃたん＝どー

ねえ　　何＝か　　落ちた＝よ

あら、財布落としてた

あべー　さいふ　うとぅちゅたん！

あら　　財布　　落としてた

危ないね、気を付けなよ

おーしゃん＝やー　きー　ちきり＝よー

危ない＝ね　　　　気　　つけろ＝よ

🔍 調べてみよう、しまむにのオノマトペ

　副詞の仲間として、しまむにには、日本語とは違うオノマトペ（擬音語・擬態語）がたくさんあります。**わじわじ**（怒っている様子）、**しむしむ**（おなかが痛む様子）、**とんとん**（ドキドキ胸が高鳴る様子）、**ふとぅふとぅ**（からだが震えるさま、胸がどきどきするさま）、**びらびら**（やわらかい様子）…　　他にもどんなオノマトペがあるか、調べてみましょう！

memo

4 文法

この章では、しまむにの文の作り方、
助詞、文のつなげ方について学びます。

主語と目的語を表す助詞

> **1. 主語と目的語は、主語だけに助詞を付ける。**
>
> **2. 主語を表す助詞には「が」と「ぬ」があり、名詞の意味によって使い分ける。**

1. 主語と目的語

　文を作る、大事な要素に「**主語**」と「**目的語**」があります。主語とは、主に動作をする人を表し、目的語とは、主に動作をされる人やものを表します。例えば「太郎が水を飲んだ」という文では、「太郎」が「動作をする人」なので主語、「水」が「動作をされるもの」なので目的語です。日本語では、主語に「**が**」、目的語に「**を**」という助詞をつけます。

日本語	(1)	**太郎**	＝※	**が**	**水**	＝	**を**	**飲んだ**
		主語		助詞	目的語		助詞	

　では、しまむにではどうでしょうか？しまむにで同じ文を言うと

しまむに	(2)	**たろー**	＝	**が**	**みじ**	**ぬだん**
		太郎	＝	が	水	飲んだ

となります。主語の「たろー（太郎）」には「**が**」という助詞がついていますが、目的語の「みじ（水）」には「**を**」にあたる助詞が何もついていません。

　もう1つ、似ている文「お母さんが 私を呼んだ」を見てみましょう。

	(3)	**あま**	＝	**が**	**わん**	**あびたん**
		お母さん	＝	が	私	呼んだ

　やはり主語の「**あま（お母さん）**」には「**が**」がついていますが、目的語の「**わん（私）**」には、「**を**」にあたる助詞がついていません。

　このように、しまむにには主語と目的語のうち、主語だけに助詞（「が」など）をつけます。

※ このテキストでは、他のことばと区別するために、助詞の前に「＝」をつけています

2. 主語を表す助詞の使い分け

さて、先ほど「**しまむにでは、主語だけに助詞をつける**」と言いましたが、主語につく助詞には、実は「**が**」と「**ぬ**」の2つの形があります。先ほどの「**たろーが　みじ　ぬだん**」では、主語に「が」がついていますが、同じ文でも「水を飲む」のがネコになった場合は、(4)のようになり、主語の'みゃー(ネコ)には「**ぬ**」という助詞がつきます。

---

(4)	'みゃー	＝ **ぬ**	みじ	**ぬだん**
	ネコ	＝ が	水	飲んだ

では、この「**が**」と「**ぬ**」はどのように使い分けられているのでしょうか?この使い分けは「**有生性の階層**」という言語学の理論で説明できます。「有生性の階層」とは、簡単にいうと「**名詞を自分に近い順番にならべた**」イメージで、しまむにでは、(5)のようになります。

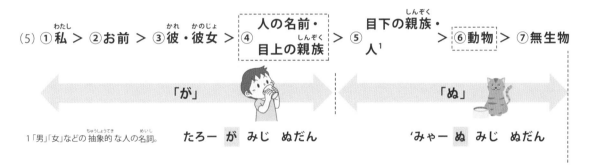

(5) ①私 ＞ ②お前 ＞ ③彼・彼女 ＞ ④人の名前・目上の親族 ＞ ⑤目下の親族・人[1] ＞ ⑥動物 ＞ ⑦無生物

「が」　　　　　　　　　　　　　　「ぬ」

1「男」「女」などの抽象的な人の名詞。　たろー **が** みじ ぬだん　　'みゃー **ぬ** みじ ぬだん

そして、**主語が「人名・目上の親族」より左の名詞のときは、助詞に「が」をとり、それよりも右の名詞のときが「ぬ」をとります。**先ほどの「太郎」くんは人の名前なので「が」をとりますが、「ネコ」は動物なので「ぬ」をとると整理できます。

このように、しまむにの主語の助詞には「**が**」と「**ぬ**」がありますが、**前の名詞の意味によって、2つを使い分けているのです。**

練習問題　下の語を使って、(1)～(3)の文を、しまむにに直してみましょう。

わん(私)	あちゃ(父)	いゔんが(男)	'わー(豚)

みじ(水)	めー(ご飯)	かだん(食べた)	みちゃん(見た)	ぬだん(飲んだ)

(1)お父さんがご飯を食べた。　(2)男が私を見た。　(3)豚が水を飲んだ。

所有を表す助詞

 ポイント

1. 日本語の「〜の（「私の本」など）」は、しまむにでは、
   ①「何もつけない（助詞なし）」、② 助詞「が」、③ 助詞「ぬ」のいずれかで表す。
2. ①、②、③の表し方は、前の名詞の意味によって使い分ける。

　日本語では「私の家」「父の家」「人の家」など、ものの持ち主などを表す時に「の」という助詞を使います。しまむにでは、日本語の「の」に対応する言い方として3種類の言い方があります。

　（1）では「家」の持ち主の「私」に何も助詞がついていません。（2）では「家」の持ち主の「父親」に、助詞「が」がついています。（3）では「家」の持ち主の「人」に、助詞「ぬ」がついています。

（1）　わん／わー　やー
私　　　　家
「私の家」

（2）　あちゃ ＝※ が　やー
父親　　の　家
「父親の家」

（3）　ちゅー ＝ ぬ　やー
人　　の　家
「人の家」

　この3つの表し方は、どのように使い分けられているのでしょうか？　この使い分けは、「主語と目的語」の回でも出てきた「有生性の階層」という言語学の理論で説明できます。「有生性の階層」とは、簡単にいうと「名詞を（自分に近い）生き物らしい順番にならべたもの」で、しまむにでは、（4）のようになります。

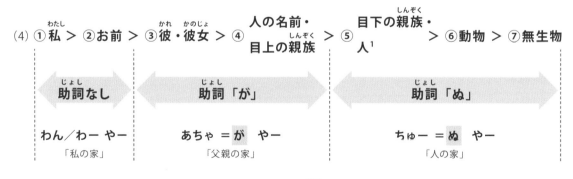

（4）① 私 ＞ ② お前 ＞ ③ 彼・彼女 ＞ ④ 人の名前・目上の親族 ＞ ⑤ 目下の親族・人[1] ＞ ⑥ 動物 ＞ ⑦ 無生物

助詞なし	助詞「が」	助詞「ぬ」
わん／わー　やー	あちゃ ＝が　やー	ちゅー ＝ぬ　やー
「私の家」	「父親の家」	「人の家」

1「男」「女」などの 抽象的な人の名詞。

※ このテキストでは、他のことばと区別するために、助詞の前に「＝」をつけています

所有（〜の）を表す時に、

① 私 、② お前の名詞は、**助詞を何もつけません。**

③ 彼 ・彼女と ④ 人の名前・目上の親族の名詞は、助詞「**が**」をつけます。

⑤ 目下の親族・人 ⑥ 動物 ⑦ 無生物は、助詞「**ぬ**」をつけます。

このように、しまむにで所有や所属などを表すときには、名詞の意味によって、助詞の有無や種類を使い分けているのです。

練習問題　以下の名詞を使って、①〜⑥をしまむにに直してみましょう。

わん／わー（私）	**うら**（あんた）	**みー**（兄）	**いんが**（男）
くゎー（子・子ども）	**'みゃー**（猫）	**ふぃ**（声）	**たろう**（太郎）

「'」は、小さい「っ」のように、のどをしめる音を表す

(1)　**私の子ども**　　（　　　　　　　　　　　　　　　）

-----

(2)　**太郎の子ども**　（　　　　　　　　　　　　　　　）

-----

(3)　**猫の子ども**　　（　　　　　　　　　　　　　　　）

-----

(4)　**男の声**　　　　（　　　　　　　　　　　　　　　）

-----

(5)　**兄の声**　　　　（　　　　　　　　　　　　　　　）

-----

(6)　**あんたの声**　　（　　　　　　　　　　　　　　　）

いろいろな助詞

　ここまでは、主語・目的語・所有を表す助詞を紹介しました。ここでは、それ以外の主要な助詞の、日本語との対応を紹介します。

表1. 日本語の助詞と、しまむにの助詞の対応

主な表すもの	日本語	しまむに	例文
主題	は（わ）	わ	(1) たろう＝※ わ　　わん　　うとぅ＝でゃー 太郎＝は　　私の　　弟＝だ
付加	も	む	(2) はなこ＝む　　うたん＝どー 花子＝も　　いた＝よ
間接目的語	に	に	(3) たろう＝が　　じろう＝に　　うむ　　くりたん 太郎＝が　　次郎＝に　　芋　　あげた
共同の相手	と	とぅ	(4) はなこ＝とぅ　　おーたん 花子＝と　　会った
手段・原因	で	し	(5) ひに＝し　　いじゃん 船＝で　　行った
動作の場所	で	にてぃ	(6) うみ＝にてぃ　　あしだん 海＝で　　遊んだ
移動の着点	へ	ち	(7) なふぁ＝ち　　いじゃん 沖縄＝へ　　行った
動作の向かう先	に	ち	(8) いぬ＝ぬ　　はなこ＝ち　　ふいたん 犬＝が　　花子＝に　　ほえた
場所・時間	に	に	(9) とーぐら＝に　　うん 台所＝に　　いる
移動の起点	から	から	(10) やまとぅ＝から　　むどぅたん 大和（本州）＝から　　帰った
通る場所	を	から	(11) みち＝ぬ　　まんなか＝から　　あくな 道＝の　　真ん中＝を　　歩くな
比較対象	より	よーか・よか	(12) しし＝よーか　　'ゆー　　かみぶしゃん 肉＝より　　魚　　食べたい
範囲の終わり	まで	んたべ・んたに	(13) むかし＝わ　　わどぅまい＝んたべ　　あちゃん 昔＝は　　和泊＝まで　　歩いた

※ このテキストでは、他のことばと区別するために、助詞の前に「＝」をつけています　　　　(12)「'」は、小さい「っ」のように、のどをしめる音を表す

日本語の助詞と、しまむにの助詞は、ほとんどが1対1で対応しますが、1つ1つの助詞が表す意味の範囲がちがうものもあります。

1. 日本語の「で」と、しまむにの「にてぃ」「し」

　日本語の「で」は、「船で行った」「病気で休んだ」のように**手段や原因**を表す用法も、「海で遊んだ」「家で寝た」のように、**動作をする場所**を表す用法もあります。

　一方、しまむにには、(5)「ひにし　いじゃん（船で行った）」「びょうきし　やすだん（病気で休んだ）」のように**手段や原因**を表すときには「し」で表しますが、(6)「うみにてぃ　あしだん（海で遊んだ）」「やーにてぃ　にぶたん（家で寝た）」のように、**動作の場所**を表すときには「**にてぃ**」を使います。

図1. 日本語の「で」、しまむにの「にてぃ」「し」の意味範囲

2. 日本語の「から」「を」と、しまむにの「から」

　日本語では「本州から帰った」のように**移動の起点**を表すときには「から」を使い、「道の真ん中を歩く」のように、**空間的な経過域**を表すときには「を」を使います。

　しまむにでは、そのどちらをも「やまとぅから　むどぅたん（大和から帰った）」「みちぬ　まんなかから　あくな（道の真ん中を歩くな）」のように「**から**」で表すことができます [1]。

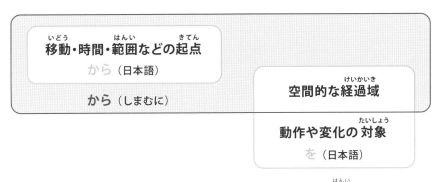

図2. 日本語の「から」「を」、しまむにの「から」の意味範囲

[1] しまむにでは「みちぬ　まんなか　あくな」のように、目的語に何も助詞をつけず表現することもできます。
　助詞を何もつけないことは、日本語の「を」に対応する用法です。詳しくは、4-1「主語・目的語を表す助詞」を見てください。

3. 日本語の「に」「へ」と、しまむにの「に」「ち」

　日本語の「に」は「家にいる」「3時になった」など、**存在の場所**や**時間**を表す用法も、「犬が花子に吠えた」のように、**動作の向かう先**を表す用法もあります。

　一方、しまむにでは、「やーに　うん（家にいる）」「さんじに　なたん（3時になった）」のように、**存在の場所**や**時間**を表す時には「に」で表しますが、「いぬぬ　はなこち　ふいたん（犬が花子に吠えた）」のように、**動作の向かう先**を表す時には「ち」で表します。

　しまむにの「ち」は、この他に「なふぁち　いじゃん（沖縄へ行った）」のように、**移動の着点**を表す用法もあります。これは、日本語では「へ」がカバーする意味です。

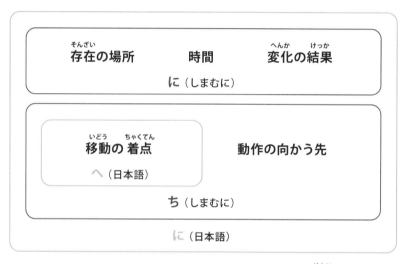

図3. 日本語の「へ」「に」、しまむにの「に」「ち」の意味範囲

表1を参考にしながら、下線部の助詞をしまむにに直してみましょう。

1. 私は 花子です。 東京から 飛行機で 来たよ。

   わぬ（　　　　　）花子でぃろ。

   東京（　　　　　） 飛行機（　　　　　） きちゃんどー。

---

2. 今日は、ワンジョビーチへ 行ったよ。

   ひゅー（　　　　　）、 ワンジョビーチ（　　　　　） いじゃんどー。

---

3. 海で 泳いで、貝も 拾ったよ。

   海（　　　　　） をぅいじ、 貝（　　　　　） ひゅーたんどー。

---

4. 3時に、家に 帰ったよ。

   3時（　　　　　）、 やー（　　　　　） むどぅたんどー。

---

5. おじいちゃんと、おばあちゃんに、貝を あげたよ。

   じゃーじゃ（　　　　　）、 あじ（　　　　　）、 貝 くりたんどー。

---

6. えらぶの海は、東京の海より きれいだったよ。

   えらぶぬ海（　　　　　）、 東京ぬ海（　　　　　） きらさ／ちゅらさ¹ あたんどー。

---

1 西部方言は「きらさ」、東部方言は「ちゅらさ」などと言います。

<ruby>焦点助詞<rt>しょうてんじょし</rt></ruby>「どぅ」

この節では、文の中で強調したり、注目してもらう部分を表す<ruby>助詞<rt>じょし</rt></ruby>「どぅ」の使い方を<ruby>紹介<rt>しょうかい</rt></ruby>します。

 ポイント

1. 文の中で強調する部分には「どぅ」をつけることがある。

2.「どぅ」がついた文は、文末が特別な形になることがある。

1. 「どぅ」のはたらき

下の会話では、さとる君が「<ruby>誰<rt>だれ</rt></ruby>が泣いているの？」と聞いて、花ちゃんが「れいが泣いているよ」と答えています。花ちゃんの回答の中で、重要なところはどこでしょう？

「<ruby>誰<rt>だれ</rt></ruby>が」と聞かれて、「れいが」と答えているので、ここは「れい」が一番重要なところです。こんな時、しまむにでは「**れい＝が＝どぅ**」のように、「**どぅ**」をつけて**重要な場所を表す**ことがあります。

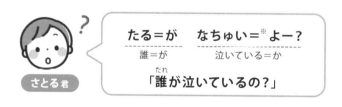

※ このテキストでは、他のことばと区別するために、<ruby>助詞<rt>じょし</rt></ruby>の前に「＝」をつけています

118

では、次の花ちゃんの回答の中で、重要なところはどこでしょう?

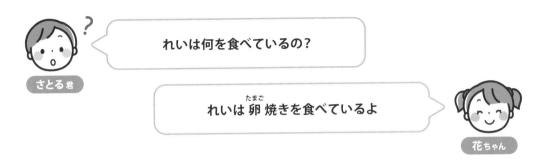

この場合は「何を」と聞かれて「卵焼きを」と答えているので「卵焼き」ですね。すると、しまむにではこうなります。

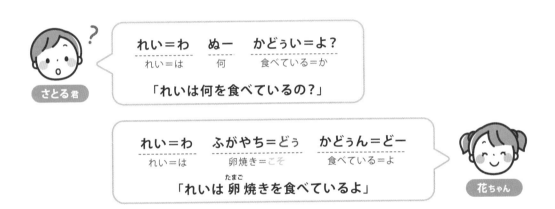

　　　　　　　　4-4　焦点助詞「どぅ」

2. 「どぅ」の文の特別な終わり方

このように「**どぅ**」が出てきた文では、文末の動詞や形容詞が"特別な形"になることがあります。

しまん＝やー	わ＝が	わろさ	あたん
ごめん＝ね	私＝が	悪い	あった

「ごめんね。　私が悪かった」

あい	うら	あらんこ	わ＝が＝どぅ	わろさ	あたる
いや	あんた	じゃなくて	私＝が＝こそ	悪い	あった

「いや、あなたじゃなくて、私が悪かったよ」

さとる君と花ちゃんのセリフに注目してみましょう。二人とも「私が悪かった」と言っていますが、さとる君は「**わが　わろさ　あたん**」、花ちゃんは「**わがどぅ　わろさ　あたる**」と、少し形が違いますね。

まず注目したいのは、花ちゃんは「**あんたじゃなくて私が…**」と強調しているところです。花ちゃんは「私」を強調しているので「**わがどぅ**」と「**どぅ**」をつけています。

もう1つ違いに気がつきますか…?　そう、さとる君の「悪かった」は「**わろさ　あたん**」なのに対して、花ちゃんの「悪かった」は「**わろさ　あたる**」と、最後の音が少し違うのです。

動詞の教材で、直説形（普通に終わる形）として紹介したのは「**－ん**」だったように、普通の形は「**ん**」なのですが、文の中に「**どぅ**」が出てくると、花ちゃんのように「**－る**」で終わることがあります。「る」を使いたい時には、「ん」と同じ位置に入れて使ってください。

これは、古文の授業で習う「係り結び[1]」の用法に対応するものだと言われています。昔の日本語にあった文法の特徴が、しまむにの中に継承されている1つの例です。

---

1 ある文の要素が助詞によって強調された場合に、文末がそれに対応して、特定の活用形に決まる文法規則のこと。古典日本語や琉球諸語にみられますが、現代の共通語ではなくなっています。

3. 使ってみよう!

「**どぅ**」は強調するときに必ず出てくる…というわけでもないのですが、普段のやり取りの中で「**どぅ**」を自然に使えると、しまむに上級者という感じがします!

下の文章の適切なところに「どぅ」を入れて、文を読んでみましょう。

（1）

花ちゃん

たる＝が　　あびてぃ＝よー?
誰＝が　　　呼んだ＝の
「誰が呼んだの?」

せんせい＝が　あびとぅたん＝どー
先生＝が　　　呼んでいた＝よ
「先生が呼んでいたよ」

さとる君

- -

（2）

花ちゃん

ぬー　　みちゅい＝よー
何　　　見ている＝の
「何を見ているの?」

みゃー＝ぬ　　がじまる　　みちゅん＝どー
庭＝の　　　　ガジュマル　見ている＝よ
「庭のガジュマルを見ているよ」

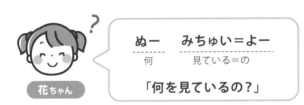

さとる君

答え:(1) せんせい＝が＝どぅ　(2) がじまる＝どぅ

　　　4-4　焦点助詞「どぅ」

終助詞

この節では、文の終わりにつく助詞（終助詞）をまとめます。

1. 平叙文の終助詞

はじめに、平叙文（普通の文）に使う終助詞を紹介します。しまむにの「**どー**」や「**でゃー**」は日本語の「**よ**」に似ていて、相手が気付いていないことに注意を向けさせたり、相手が知らないことを教えたりする時に使います。「**やー**」は日本語の「**ね**」に似ていて、相手に確認をしたり、感嘆したり、共感したりする時に使います。

表1. 平叙文の終助詞

しまむに	日本語	例 文
どー	～よ	たん＝※か　きちゃん＝どー だれ＝か　　来た＝よ
でゃー	～よ	うちゅくい＝ぬ　うてぃたん＝でゃー 手ぬぐい＝が　　落ちた＝よ
やー	～ね	ひゅー＝わ　あつぁん＝やー 今日＝は　　暑い＝ね

2. 疑問の終助詞

次に疑問文につく終助詞を紹介します。「**なー**」は肯否疑問文について、相手に「はい／いいえ」の返事を求めます。「**よー**」はWH疑問文について、相手に具体的な返事を求めます。「**かや**」は、自分自身に問いかけたり、相手に質問する時にも使えます。

表2. 疑問の終助詞

しまむに	日本語	例 文
なー	～か？	あり＝わ　ひぶし＝なー？ あれ＝は　　煙＝か
よー	～か？	あり＝わ　ぬー＝よー？ あれ＝は　　何＝か
かや	～かな？	あり＝わ　ぬー＝かや？ あれ＝は　　何＝かな

※ このテキストでは、他のことばと区別するために、助詞の前に「＝」をつけています

3. 読んでみよう

いろいろな終助詞（しゅうじょし）が登場する会話を読んでみましょう。

あり＝わ　　たる＝よー？
あれ＝は　　誰＝か

「あれは誰（だれ）？」

あり＝わ たかし＝どー
あれ＝は　　たかし＝だよ

「あれはたかしだよ」

えー？　　にしばる＝ぬ　　たかし＝なー？
えー　　　西原＝の　　　　たかし＝か

「えー、西原集落のたかし？」

がん＝でゃー
そう＝だよ

「そうだよ」

ちゅら＋にっせー　　なたん＝やー
きれい＋青年　　　　なった＝ね

「イケメンになったね〜」

がん＝かやー？　わぬ＝わ　きよし＝どぅ　ゆくゎ＝しが
そう＝かな　　　私＝は　　きよし＝こそ　良い＝けど

「そうかな〜？　　私（わたし）はきよしの方がいいけど」

いろいろな文の作り方

文の中の動詞によって、いろいろな種類の文を表すことができます。ここでは、**否定文**、**疑問文**、**意志・勧誘文**、**詠嘆文**について紹介します。

1. 肯定文と否定文

「そうではない」という否定の文を作る時には、動詞に「否定形」を使います（3-12を参照）。(1)は肯定文で、動詞が「**ういゆん**」という形ですが、(2)の文は否定文で、動詞が「**ういらん**」という否定形になっています。

(1)　「夏は早く起きる」

なち＝わ	へーさ	ういゆん
夏＝は	早く	起きる

(2)　「冬は早く起きない」

ふゆ＝わ	へーさ	ういらん
冬＝は	早く	起きない

2. 疑問文

疑問文の作り方は、述語（文末にあることば）が名詞か、動詞や形容詞か、で違います。

2-1 文の述語が名詞のとき

文の述語が名詞の時は、疑問の終助詞「**なー**」「**よー**」「**かや**」を使って疑問を表します。まず、Yes/No（肯定／否定）を尋ねる時には「**なー**」をつけます。相手に内容を尋ねる時には「**よー**」をつけます。自問するような時には「**かや**」をつけます（4-5を参照）。

(3)　「あれは 煙か？」

あり＝わ	ひぶし＝なー？
あれ＝は	煙＝か

(4)　「あんた 誰？」

うら	たる＝よー？
あんた	誰＝か

(5)　「あれは何かなぁ？」

あり＝わ	ぬー＝かやー？
あれ＝は	何＝かな

なお、しまむにのイントネーションは疑問文の時に"下がる"ので、疑問文は最後を"低く"発音します（1-1参照）。

※ このテキストでは、他のことばと区別するために、助詞の前に「＝」をつけています

2-2 文の述語が動詞や形容詞のとき

　文の述語が動詞や形容詞の時は、動詞の活用によって疑問を表します。まず、Yes/No（肯定／否定）を尋ねる時には「**～え**」という形の動詞を使います（3-19を参照）。WH疑問（内容疑問）の時には「**～い**」という形の動詞を使います（3-20を参照）。

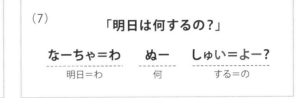

　(7)のように、WH疑問の時には、動詞のかたちだけでなく疑問助詞「**よー**」を付けることが多いです。

　なお、述語が形容詞の時には、形容詞のあとに動詞「**あん**（ある）」をおき、それを疑問形に活用することで疑問を表します。

(8)	「東京は寒い?」		
	とーきょー＝わ	ひーさ	あえ?
	東京＝は	寒い	ある

3.　命令文

　「**～しろ**」という命令の文を作る時には、動詞に「命令形」を使います（3-7を参照）。(9)は平叙文で、動詞が「**うん**」という形ですが、(10)の文は命令文で、動詞が「**うり**」という命令形になっています。

(9)	「そこにいる」	
	'まー＝に	うん
	そこ＝に	いる

(10)	「そこにいろ」	
	'まー＝に	うり
	そこ＝に	いろ

(11)	「そこにいるな」	
	'まー＝に	うんな
	そこ＝に	いるな

　なお、「～するな」など否定の命令をするときには(11)のように動詞に「禁止形」を使います（3-8を参照）。動詞は「**うんな**」という形になっています。

4. 意志・勧誘文

「〜しよう」と、人を誘ったり、自分の意志を表すときには、動詞に「意志・勧誘形」を使います（3-6を参照）。(12)は平叙文で、意志が「**にぶゆん**」という形ですが、(13)の文は命令文で、動詞が「**にぶらー**」という意志形になっています。

<table>
<tr><td>

（12）

「一緒に眠る」

あぐ＝し　　にぶゆん

一緒＝に　　　眠る
</td><td>

（13）

「一緒に眠ろう」

あぐ＝し　　にぶらー

一緒＝に　　　眠ろう
</td></tr>
</table>

5. 詠嘆文

感動や詠嘆を表す文は、述語の動詞や形容詞が「**〜さ**」という語尾をとります。文中に、**ぬーでぃ**「なんで」などの疑問詞や、**がっさーがでぃ**「そんなにまで」等の程度を表す副詞が使われることが多いです。

（14）

「あの人の声は良いね〜！」

あり＝が　　ふい＝わ　　ゆくゎ　　あさ＝や

あの人＝の　　声＝は　　　良い　　　だ＝ね

（15）

「すいかはこんなに大きくなったんだね！」

すいか＝わ　　がっひなー　　うーどー　　なてぃ　　あさ＝や

すいか＝は　　そんなに　　　大きく　　　なって　　ある＝ね

　（14）（15）はそれぞれ「**ありが　ふいわ　ゆくゎ　あんやー**」「**すいかわ　がっひな　　うーどー　なてぃ　あんやー**」と「**〜ん**」の形の動詞で言うこともできますが、「**〜さ**」の方が、より感情がこもった、臨場感がある響きになります。

文のつなげ方

ここでは複数の文をつなげる方法を学びます。

1. ～して、～して・・・

「～して、～して、～して…」と文を並列につなげていく時には、前の文の動詞を「テ形」にします。(1)の「**ういてぃ**」は「**ういゆん**（起きる）」のテ形、「**あろてぃ**」は「**あろゆん**（洗う）」のテ形（3-11を参照）で、順々に出来事が起きていることを表しています。

(1)	「私 は朝起きて、顔を洗って、朝ごはんを食べた」

わな	あさ	ういてぃ	ちら	あろてぃ	めーし	かだん
私は	朝	起きて	顔	洗って	朝ごはん	食べた

2. ～ば（条件）・・・

「～すれば・・・」のように条件を述べる時には、前の文の動詞を「条件形」にします（3-9参照）。(2)の「**しにば**」は「**しにゅん**（死ぬ）」の条件形で「人が死んだら…」という条件を表しています。

(2)	「人は死んだらどうなるのかな？」

ちゅー＝わ	しにば	いちゃ	なゆん＝かやー？
人＝は	死ねば	どう	なる＝かな

※ このテキストでは、他のことばと区別するために、助詞の前に「＝」をつけています

3. ～から（理由）・・・

「～から・・・」のように理由を述べる時には、前の文の後に「とぅに（～から）」という助詞をつけます。(3)の文では「**なーちゃ　へーさん**（明日早い）」に「**とぅに**」がついて、「明日早いから」という理由を表しています。

---

(3)　　　　　　　　**「私は明日早いから、もう寝るよ」**

わな	なーちゃ	へーさん＝とぅに	なー	にぶゆん＝どー
私は	明日	早い＝から	もう	眠る

---

4. 名詞の修飾

「～する人」「～する物」のように、名詞を修飾する文を作るときには、修飾する文の動詞を「**～ぬ**」の形にします。(4)では「**うん**（いる）」→「**うぬ**」と語尾を変えることで「**'まーに　うぬ**（そこにいる）」が、後ろにある名詞「**'まー**（馬）」を修飾しています。(5)では「**ふゆん**（降る）」→「**ふゆぬ**」と語尾を変えることで、「**あみぬ　ふゆぬ**（雨が降る）」が、名詞「**ひー**（日）」を修飾しています。

---

(4)　　　　　　　　**「そこにいる馬」**

'まー＝に	うぬ	'まー
そこ＝に	いる	馬

---

(5)　　　　　　　　**「雨が降る日は家にいる」**

あみ＝ぬ	ふゆぬ	ひー＝わ	やー＝に	うん
雨＝が	降る	日＝は	家＝に	いる

5. 〜と言った（引用）

「〜と言った」のように文を引用する時には、前の文の後に「でぃ（〜と）」という助詞を使います。

(6)は「わが　しゅん（私がする）」に「でぃ」がついて、花子の発言であることを表しています。

(6)	「花子は『私がする』と言った」

はなこ＝わ	わ＝が	しゅん¹＝でぃ	いちゃん
はなこ＝は	私＝が	する＝と	言った

1 引用の「＝でぃ」の前は「しゅむ＝でぃ」のように「〜む」となることも多いです。

> **練習問題**
>
> 以下の単語と、今回学んだことを使って、文を作ってみましょう。
> 動詞の活用にも注意してみてください。

(1)　今日は天気が良いので、魚釣りをした。

　　　ひゅー（今日）　　　わーちち（天気）　　　ゆくゎん（良い）　　　'ゆーとぅい（魚釣り）

(2)　みほこは「もう帰る」と言って、帰った。

　　　なー（もう）　　　'ゆん（言う）　　　むどぅゆん（帰る）

(3)　そこにいる人は、たかしです。

　　　'まー（そこ）　　　うん（いる）　　　ちゅー（人）　　　でぃろ（です）

memo

5 会話教材

この章では、しまむにのあいさつ、自己紹介、
しまむにを学ぶときのフレーズについて学びます。
また、島民の皆さんが様々な場面を想定して作った、
しまむにの会話集を紹介します。

いろいろなあいさつ

会話教材 5-1

あいさつ

> をぅがみやぶら　「こんにちは」

> をぅがみどぅーさ　「久しぶり」

> またやー　「またね」

メモ

しまむにには、日本語のように細かいあいさつことばはありません。道で会った時などには「うだちよー?」（どこに行くの?）があいさつのかわりになります。「をぅがみやぶら」は、人の家を訪ねるときや、みんなの前であいさつする時に使います。

ありがとう

> みへでぃろどー　「ありがとう」

> しったい　みへでぃろどー
> 「とってもありがとう」

> あやぶらんどー　「どういたしまして」

メモ

「しったい」は、日本語の「とても」のように強調することばです。「みへでぃろ」より「みへでぃろど〜」と「どー」をつけると、丁寧な言い方になります。

あいさつ 【はい／いいえ】

メモ 日本語と同様に、しまむににも敬語があります。自分より目上の人やあまり親しくない人には「敬い語」、自分より年下や親しい人には、普通のことばを使います。「おー」「あやぶらん」は敬い語、「いん」「あい」は、普通のことばです。

あやまる時

しまだなあたんやー （すみませんでしたね）	しまんやー （すまないね）

うなずきのことば

メモ 「でいろ」は、日本語の「です」にあたることばです。名詞や副詞などの後につけると、丁寧な表現になります。

会話教材 5-2

<ruby>自己紹介<rt>じこしょうかい</rt></ruby>

わん／わー　なーわ ＿＿＿＿＿ でぃろどー。

<ruby>私<rt>わたし</rt></ruby>の名前は ＿＿＿＿＿ です。

＿＿＿＿＿ から　きゃーぶたん／ちゃーぶたん[1]　どー。

＿＿＿＿＿ から来ました。

1 西部方言では「きゃーぶたん」、東部方言では「ちゃーぶたん」などと言います。

＿＿＿ が　くゎー　でぃろどー。

＿＿＿ の子どもです。

＿＿＿ が　まぐゎ　でぃろどー。

＿＿＿ の<ruby>孫<rt>まご</rt></ruby>です。

＿＿＿ が　とぅじ　でぃろどー。

＿＿＿ の<ruby>妻<rt>つま</rt></ruby>です。

＿＿＿ が　をぅとぅ　でぃろどー。

＿＿＿ の<ruby>夫<rt>おっと</rt></ruby>です。

＿＿＿ が　あぐ　でぃろどー。

＿＿＿ の<ruby>友達<rt>ともだち</rt></ruby>です。

ふりから　うだぬ　しゃーぶらやー！

これから<ruby>宜<rt>よろ</rt></ruby>しくお願いします！

親族を表すことば
しんぞく

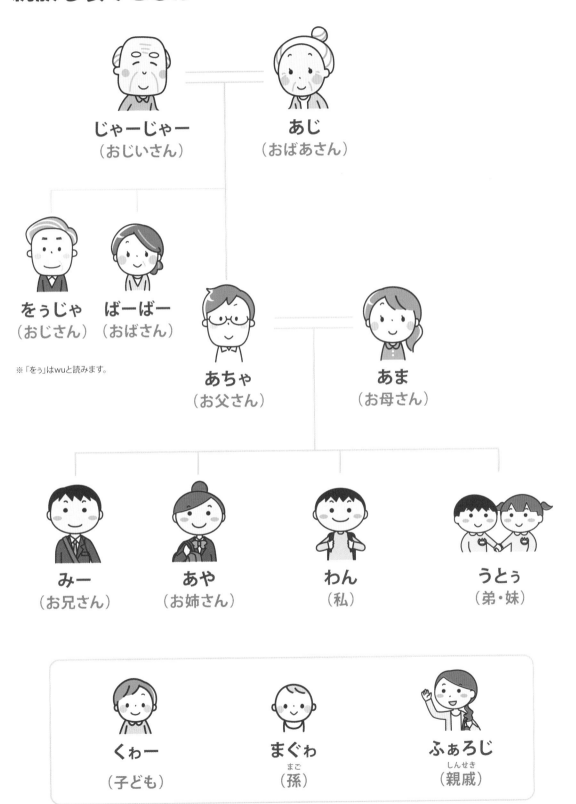

じゃーじゃー
（おじいさん）

あじ
（おばあさん）

をぅじゃ
（おじさん）

ばーばー
（おばさん）

※「をぅ」はwuと読みます。

あちゃ
（お父さん）

あま
（お母さん）

みー
（お兄さん）

あや
（お姉さん）

わん
（私）

うとぅ
（弟・妹）

くゎー
（子ども）

まぐゎ
まご
（孫）

ふぁろじ
しんせき
（親戚）

しまむにを学ぶ時に便利なフレーズ

くんじゃいむにへん
国頭方言編

しまむに	日本語
1 ○○わ ほーげんし ぬーでぃ 'やーぶいよー？	○○は 方言で なんと 言いますか？
2 うりわ ぬー でぃろよー？	それは 何 ですか？
3 なー ちゅっけー いち たぼーり。	もう 1回 言って ください。
4 よいよい いち たぼーり。	ゆっくり 言って ください。
5 しまぶらしが いちゅーぬ くとぅぬ わかいやぶらん。	すみませんが 言っている ことが わかりません。
6 ○○ぬ わかいやぶらん。	○○ が わかりません。
7 ○○でぃわ ぬーでぃろよー？	○○ とは 何ですか？
8 わかいやぶたん！	わかりました！
9 あー！ しまむにしわ がんでぃ 'やーぶさやー。	なるほど しまむにでは そう 言うのですね。
10 がんどぅ あやぶたんやー！	そうでしたね。 ＊以前習ったことを思い出して「そうでしたね！」などと言うとき
11 わかやぶらん。	わかりません。
12 てぃーまにし はたてい たぼーり。	手振りで 教えて ください。 （ジェスチャーでやってみてください。）
13 ふりし おーてぃ うやぶんかやー？	これで 合って いますか？
14 うだ でぃろよー？	どこ ですか？
15 みへでぃろど～。	ありがとうございます。
16 うだぬ しゃーぶらやー。	よろしくおねがいします。

自分の集落では何というか、確認して使ってみてください！

136

場面別会話集 牛のセリ --

今日は何頭牛を出すのですか？

ひゅー＝※わ	いちゃさ	うし	いじゃしゅい＝よー？
今日＝は	いくつ	牛	出す＝の

今日は2頭だけだよ

ひゅー＝わ	たーち＝だき＝でゃ
今日＝は	2こ＝だけ＝よ

高値は出そうですか？

ひゅー＝わ	たかさ	うらゆん＝かやー？
今日＝は	高く	売れる＝かな

今までは高かったけど、安くなってきている

なま＝たべ＝わ	たかさ	あたぬ	むんぬ	やさ	なてぃ	きちゅん
今＝まで＝は	高い	あった	ものが	安く	なって	きている

新年は高くなるでしょう

しんねん＝どぅ	たかさ	ない＝どぅ	しゅる
新年＝こそ	高く	なる＝こそ	する

私も牛を引きたいのですが

わぬ＝む	うし	いじゃし＋ぶしゃ＝しが
私＝も	牛	出し＋たい＝けど

私の牛を引いていいですよ

わー	うし	ひっぱてぃ	ゆくゎん＝どー
私の	牛	引っぱって	良い＝よ

※ このテキストでは、他のことばと区別するために、助詞の前に「＝」をつけています

この会話集は、和泊町役場方言研修会第3回のグループワークから生まれました。
話者：西生樹（和泊町畦布集落）、文例作成者：金城真幸、永山みさ子、太剛志、太悠子（以上、敬称略）

カフェ

お母さん、お茶のみに行こうよ

あま	あまー	ちゃー	ぬみ＝※が	いか＝がー
お母さん	お母さん	茶	飲み＝に	行こう＝よ

いいね、いいね、行こう

ゆくゎん	ゆくゎん	いかー
いいね	いいね	行こう

こんにちは

うがみやぶらー
こんにちは

今日は来てもらってありがとうございます

ひゅー＝わ	きち	もろてぃ	みへでぃろ＝どー
今日＝は	来て	もらって	ありがとう＝ね

ちょっとすみません、今日のオススメはなんですか？

ちゃーま	しみゃぶらん	ひゅー＝ぬ	まさむん＝わ	ぬー＝かや？
少し	すみません	今日＝の	おいしいもの＝は	何＝かな

今ヤチムチを焼いたところです　　アツアツ、おいしいですよ

なま	ヤチムチ	やちゃぬ	とぅくる	あちこーこー	まさん＝どー
今	焼もち	焼いた	ところ	あつあつ	おいしい＝よ

これをもらいます

ふり	もろらー＝がー
これ	もらおう＝か

私ももらいます

わぬ＝む	むろらー＝がー
私＝も	もらおうーね

おいしく食べてくださいね

まさまさ	おいしり＝よー
おいしくおいしく	めしあがれ

すごくおいしいです！ ありがとう

しったい	まーさん＝どー	みへでぃろ＝どー
とっても	おいしい＝よ	ありがとう＝ね

※ このテキストでは、他のことばと区別するために、助詞の前に「＝」をつけています

この会話集は、和泊町役場方言研修会第3回のグループワークから生まれました。
話者：鼎亜由美（和泊町後蘭集落）、文例作成者：今井秀代、柏原えりか、柏原莉子、外山栄子、花田麻子（以上、敬称略）

夏休み明けの教室

先生

夏休みの楽しい思い出、印象（いんしょう）に残ったことはなんですか？

なちやしみ=※ぬ	みじらしゃぬ	きむ=に	ぬくたぬ	くとぅ=わ	ぬー=よ？
夏休み=の	おもしろい	心=に	残った	こと=は	何=か

はい、東京に旅行に行きました

いん、とうきょう=ち	あしび=が	いじゃん=どー
はい 東京=へ	遊び=に	行った=よ

印象（いんしょう）に残ったことは何ですか？

きむ=に	ぬくたぬ	くとぅ=わ	ぬー=よ？
心=に	残った	こと=は	何=か

うーん、人が多くて驚（おどろ）いた

うーん	ちゅー=ぬ	ふーさぬ	うどぅるちゃん
うーん	人=が	多くて	驚いた

それと、スカイツリーを見ていて、後ろにひっくり返りました

うり=とぅ	スカイツリー	みちゅてぃ	うしゅ=ち	まんげたん
それ=と	スカイツリー	見ていて	後ろ=へ	転がった

それは良い旅行だったね

うり=わ	ゆくゎ	あしび	しらたん=やー
それ=は	良い	遊び	できた=ね

※ このテキストでは、他のことばと区別するために、助詞（じょし）の前に「＝」をつけています

この会話集は、和泊町役場方言研修会第3回のグループワークから生まれました。
話者：染川實麿（知名町瀬利覚集落）、文例作成者：安楽晃一郎、桑原三千代、笠間友（以上、敬称略）

プールの受付にて

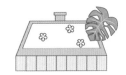

客

今日はいい天気だね

ひゅー＝※わ　　**ゆくゎ**　　**'わーちき＝やー**
今日＝は　　　　良い　　　　天気＝ね

今日は体調いかがですか？

ひゅー＝わ　**からだ＝ぬ**　**あんべー＝わ**　**いちゃ＝でぃろ＝かや？**
今日＝は　　体＝の　　　　具合＝は　　　　どう＝です＝か

店員

とっても良いよ

しったい　　**ゆくゎん＝どー**
とっても　　　良い＝よ

もう1回言ってください

なー　　**ちゅっけー**　　**いち＋たぼり**
もう　　　1回　　　　言って＋ください

良いよ

ゆくゎん＝どー
良い＝よ

そうですか

がん　　**でぃろ＝なー？**
そう　　　です＝か

そうそう

がん　　**がん**
そう　　　そう

気を付けて帰ってくださいね

きー　**ちきてぃ**　**むどぅてぃ**　**たぼり＝よー**
気　　つけて　　帰って　　　ください＝ね

※ このテキストでは、他のことばと区別するために、助詞の前に「＝」をつけています

この会話集は、和泊町役場方言研修会第3回のグループワークから生まれました。
話者：田中美保子（和泊町国頭集落）、文例作成者：池村一江、久保木真由美、猿渡司郎（以上、敬称略）

場面別会話集

コロナ禍の日々

この頃はコロナで何もおもしろくないね

ふぬやー＝※わ　ころな＝し　ぬー＝む　みじらしゃ　なん＝やー

この頃＝は　コロナ＝で　何＝も　おもしろく　ない＝ね

> 芦清良集落
> のことば

りょうこ姉さん、何か良い事ない？

りょうこねえさん　ぬー＝か　ゆくゎくとぅ　なーぜー？

りょうこ姉さん　何＝か　良いこと　ない？

> 国頭集落
> のことば

昼はサトウキビ畑で草刈りばかりしているけれど

ひる＝わ　をぅぎばてぃ＝から　くさ＝べー＝どぅ　はがてぃ　あきゅしが

昼＝は　サトウキビ畑＝から　草＝ばかり＝こそ　はがして　いるけど

> 後蘭集落
> のことば

夕方は早々とご飯を食べて、「男はつらいよ」

よーねー＝わ　へーべー＝とぅ　むぬ　かでぃ　「男はつらいよ」

夕方＝は　早々＝と　ご飯　食べて　「男はつらいよ」

フーテンの寅さんのDVDを見ているよ

ふーてん＝ぬ　とらさん＝ぬ　DVD　みちゅん＝でゃー

フーテン＝の　寅さん＝の　DVD　見ている＝よ

マドンナが次々変わってとってもおもしろいよ

マドンナ＝ぬ　ちぎちぎ　かわてぃ　しってー　みじらしゃん＝どー

マドンナ＝が　次々　変わって　とっても　おもしろい＝よ

私たちも見たいね　　　　　　今日夜、見に行ってもいい？

わきゃ＝む　みーぶしゃ＝やー　　　ひゅー　いる　みー＝が　いじ　ゆくゎい？

私たち＝も　見たい＝ね　　　今日　夜　見に　行って　良い？

※「いﾞ」はyiと読みます。

> 良いよ
> **ゆくゎん＝どー**
> 良い＝よ

私はお酒を持って行くね

わぬ＝わ　さき　むち　いきゅん＝どー

私＝は　酒　持って　行く＝よ

私は揚げ味噌を持って行くね

わぬ＝わ　あぎみしゅ　むち　いちゅん＝どー

私＝は　揚げ味噌　持って　行く＝よ

私は芋の天ぷらを作って待っているよ

わぬ＝わ　うむ　てんぷら　つくてぃ　まちゅん＝どー

私＝は　芋　天ぷら　作って　待っている＝よ

※ このテキストでは、他のことばと区別するために、助詞の前に「＝」をつけています

この会話集は第1回「知名町中央公民館しまむに教室
〜記録者・養成者育成講座〜」で生まれました。
作成されたのは、沖良子さん（後蘭集落）、
勝間千津子さん（芦清良集落）、
田中美保子さん（国頭集落）です。

場面別会話集 **引っ越し** 赤嶺集落 のことば（あかみね）

私（わたし）は田皆の「ちなボー」です

わぬ=※わ	たんにゃ=ぬ	ちなボー	でぃろ
私=は	田皆=の	ちなボー	です

お父さんの仕事で手々知名から田皆に引っ越したよ

あちゃ=が	しぐとぅ=し	てぃーちゃー=から	たんにゃ=ち	いじゃん
お父さん=の	仕事=で	手々知名=から	田皆=へ	行った

手々知名から田皆に引っ越して、変わったことはある？

てぃーちゃー=から	たんにゃ=ち	いじ	かわたぬ	くとぅ	あんにゃー？
手々知名=から	田皆=へ	行って	変わった	こと	あるの

友達が減ったよ

あぐ=ぬ	ひにゃーたん
友達=が	減ったよ

かわいそうに　　　　　　おばちゃんの所に遊びにおいで

にじょさん=やー	ばーば=ぬ	とぅくる=ち	あしび=んぎゃ	ふー=よー
かわいそう=ね	おばちゃん=の	ところ=へ	遊び=に	おいで=よ

またすぐお友達もできるよ

なー	すぐ	あぐ=む	でぃきゆん=どー
もう	すぐ	友達=も	できる=よ

※ このテキストでは、他のことばと区別するために、助詞（じょし）の前に「＝」をつけています

この会話集は第1回「知名町中央公民館しまむに教室 ～記録者・養成者育成講座～」で生まれました。
作成されたのは、嶺元寿敬さん（赤嶺集落：話者）、柏原えりかさん（田皆集落）、柏原莉子さん（田皆集落）、
石橋修さん（下城集落）です。

飲みに行こう

瀬利覚集落
のことば

みなさん、今日の夜は暇ですか？

なたた ひゅー＝※ぬ ゆる＝わ ひま でぃろ＝なー？

あなた方　今日＝の　夜＝は　暇　　　　です＝か

はい　暇です

おー　ひま　でぃろ

はい　暇　　です

飲みに行こうよ

ぬみ＝が　いか＝がー

飲み＝に　行こう＝よ

おお良いね

おー　ゆっくゎん＝どー

おお　　良い＝ね

今日はお金を持っていないので、あなたたちが払ってね

ひゅー＝わ　じん　みんじ　あかん＝とぅ　なたた　はろり＝よ

今日＝は　金　持って　ない＝から　あなた方　払え＝よ

嫌だ

ばー

嫌だ

そしたらどうするの？

がら　いきゃし＝よ？

そしたら　どうする＝の

私たちの家で飲もうよ

わきゃ　やー＝にてぃ　ぬま＝がー

私たち　家＝で　　飲もう＝よ

おお、そうしよう

おー　がん　しらー

おお　そう　しよう

※ このテキストでは、他のことばと区別するために、助詞の前に「＝」をつけています

 この会話集は第1回「知名町中央公民館しまむに教室 〜記録者・養成者育成講座〜」で生まれました。
作成されたのは、東則雄さん（瀬利覚集落）、西盛治（正名集落）、渡邉敦子さん（徳時集落）です。

Aコープで、ばったり会った友達との会話

「昨日は何食べた？」

昨日は何を食べたの？

きにゅ=※わ	ぬー	かでぃ=よー？
昨日=は	何	食べた=の

私 は鮭と焼きそばを食べたよ

わぬ=わ	しゃけ=ぬ	'ゆー=とぅ	やきそば	かだん=やー
私=は	鮭=の	魚=と	焼きそば	食べた=よ

私 はひょうたんと赤うりの煮物を食べたよ

わぬ=わ	ひっしょー=とぅ	ぶたうり	にちゃぬ	むん	かだん
私=は	ひょうたん=と	赤うり	煮た	もの	食べた

後蘭集落のことば

私 は魚のフライとゴーヤの酢の物を食べたよ

わぬ=わ	'ゆー=ぬ	あぎたし=とぅ	ゴーヤ=ぬ	すのもの	かだん
私=は	魚=の	揚げたの=と	ゴーヤ=の	酢の物	食べた

※ このテキストでは、他のことばと区別するために、助詞の前に「＝」をつけています

この会話集は第3回「知名町中央公民館しまむに教室
〜記録者・養成者育成講座〜」で生まれました。
作成されたのは、沖良子さん（後蘭集落）、
渡邉敦子さん（徳時集落）、田中美保子さん（国頭集落）、
沖野マスノさん（仁志集落）です。

海での思い出

赤嶺集落のことば

昨日、久しぶりに船で海に魚を釣りに行ったけど、

きにゅ	ひましゃ	ひに＝※し	うみ＝ち	'ゆー	くゎーしんぎゃ	いじゃしが
昨日	久しぶり	船＝で	海＝へ	魚	釣りに	行ったけど

波が荒くなって早く帰ってきたよ

なーに＝ぬ	あらさ	なてぃ	へーさ	むどぅてぃ	きちゃん
波＝が	荒く	なって	早く	戻って	来た

沖縄のことば

この間、住吉港に釣りに行ったら、

ふねだ	すみよしこう＝ち	'ゆー	くゎーしんぎゃ	いじゃんきゃ
この間	住吉港＝へ	魚	釣りに	行ったら

コバンザメがつれた

ふか＝ぬ	くーてぃ	きちゃん
サメ＝が	つれて	来た

芦清良集落のことば

小さい時に貝を拾ったり、

いくさぬ	とぅき＝に	しび	ひゅーたや
小さい	時＝に	貝	拾ったり

あいごの子どもをすくったりしたよ

すく＝ぬ	くゎー	すくたや	しゃん＝どー
あいご＝の	子ども	すくったり	した＝よ

※ このテキストでは、他のことばと区別するために、助詞の前に「＝」をつけています

この会話集は第3回「知名町中央公民館しまむに教室
〜記録者・養成者育成講座〜」で生まれました。
作成されたのは、勝間千津子さん（芦清良集落）、
石橋修さん（下城集落）、嶺元寿敬さん（赤嶺集落）です。

15日の月を見た？

芦清良集落
のことば

15日の夜、月を見た？

じゅーごにち=[※]ぬ		いる	ちきゅ	みちょえ？
15日=の		夜	月	見た

海で見たよ

うに=んてぃ	みちゃん=でゃー
海=で	見た=よ

仁志 のことば

私は昨夜、十六夜月が海から上がってくるのをハチマキ線から見たよ

わな=よ	いびる	じゅーろくや=ぬ	ちちゅ=ぬ	うに=から
私=ね	昨夜	十六夜=の	月=が	海=から

あがてぃ	きゅう=し	はちまきせん=から	みちゃん
上がって	来る=の	ハチマキ線（大山を一周する道路）=から	見た

赤くてとても綺麗だったよ

あーさ	しったい	ちゅらさ	あたん
赤い	とても	きれい	だった

私は家の人みんな、庭に出て見たよ

わぬ=わ	やー=ぬ	ちゅー	むーる	みゃー=ち	いじてぃ	みちゃん
私=は	家=の	人	皆	庭=へ	出て	見た

孫が喜んだよ

まー=が	ほーらしゃ	しゃん
孫=が	嬉しい	した

※ このテキストでは、他のことばと区別するために、助詞の前に「＝」をつけています

 この会話集は第4回「知名町中央公民館しまむに教室 ～記録者・伝承者育成講座～」で生まれました。
文例を作成されたのは、有川剛千代さん（屋子母集落）、沖野マスノさん（新城集落）、渡辺敦子さん（鹿児島県出身）、
勝間千津子さん（芦清良集落）です。

場面別会話集

台風の時どうしてた？

赤嶺集落
のことば

こないだの台風は大変でしたね

ふねだ=※ぬ	はじ=わ	ひころしゃ	あたん=やー
こないだ=の	風=は	大騒ぎ	だった=ね

どこにいましたか？

うだ=に	うてぃ=よー？
どこ=に	いた=の

公民館に避難しようと思っていました

むらやどぅ=ち	ひなん	しらー=でぃ	'むとぅたん
公民館=へ	避難	しよう=と	思っていた

その準備を私がしていたけど、誰も来ませんでした

うぬ	じゅんび	わ=が	しゅーたしが	たる=む	ふーだな	あたん
その	準備	私=が	していたけど	誰=も	来ないで	あった

台風がそれたから良かったですね

はじ=ぬ	すりてぃ	ゆくゎたん
風=が	それて	良かった

※ このテキストでは、他のことばと区別するために、助詞の前に「＝」をつけています

この会話集は第4回「知名町中央公民館しまむに教室 〜記録者・伝承者育成講座〜」で生まれました。
文例を作成されたのは、嶺元寿敬さん（赤嶺集落）、石橋修さん（沖縄県出身）、清村美代子さん（芦清良集落）、
金田一央紀さん（東京出身）です。

練習問題の答え

「/」で区切られているのは、西部方言（上平川方言）/ 東部方言（国頭方言）です。集落により違いがあると思いますので、1つのご参考に見てください。

1-2　しまむにの地域差　※国頭集落の場合

① ぬずみ　（他の集落では、おいしゃ、ゆむぬ、ゆむる …等とも言います）

② がく　（他の集落では、がーく、あたびく、あたぶく、いたびく、いたぶく …等とも言います）

③ やーじまぶい　（他の集落では、やまとぅまーぶい、やどぅまーぶい、やまぶい、やどぅなびや …等とも言います）

④ のーすび（春）、あさ（夏）、しーわい（秋）

　　（せみは特に集落差が大きいので、集落で何と言うか、聞いてみて下さい！）

⑤ やまだ　（他の集落では、えーざ、えーじゃ …等とも言います）

2-1　日本語としまむにの音の対応

目：みー　**鼻**：ふぁな　**ひげ**：ひじ　**口**：くち　**胸**：にー　**お腹**：わた　**もも**：むむ　**頭**：ちぶる

耳：みみ　**肩**：はた　**背中～腰**：ふし　**手**：てぃー　**足**：ふぁじ

3-4　数詞

① **1日**：ちー、**2日**：ふちか、**3日**：みちゃー、**4日**：ゆわー／ゆふぁー、**5日**：いちかー、**6日**：むいか、

　　7日：なぬかー、**8日**：やー、**9日**：くくぬかー、**10日**：とぅっかー、とぅー

② **1歩**：ちゅまた、**2歩**：たまた、**3歩**：みまた、**4歩**：ゆまた、**5歩**：いちまた、**6歩**：むまた、

　　7歩：ななまた、**8歩**：やまた、**9歩**：くぬまた、**10歩**：とぅまた

3-6　意志形

（1）niburaa　（2）furusaa　（3）akaa　（4）tataa　（5）fugaa　（6）numaa　（7）tubaa

3-7　命令形

（1）niburi　（2）furusi　（3）aki　（4）tati　（5）fugi　（6）numi　（7）tubi

3-8　禁止形

（1）niburuna , nibuNna　（2）furusuna　（3）akuna　（4）tatuna　（5）fuguna

（6）numuna　（7）tubuna

3-9　条件形

（1）niburiba　（2）furusiba　（3）akiba　（4）tatiba　（5）fugiba　（6）numiba　（7）tubiba

3-10　連用形

（1）nibui　（2）furusi　（3）aki　（4）tati　（5）fuigi　（6）numi　（7）tubi

3-11　テ形

（1）nibuti　（2）furuchi　（3）achi　（4）tachi　（5）fuiji　（6）nudi　（7）tudi

3-12　否定形

（1）niburaN　（2）furusaN　（3）akaN　（4）tataN　（5）fugaN　（6）numaN　（7）tubaN

3-13　非過去形

（1）nibuyuN　（2）furusyuN　（3）akyuN　／　acyuN　（4）tatyuN　／　tacyuN

（5）fugyuN　／　fuzyuN　（6）numyuN　／　numiN　（7）tubyuN　／　tubiN

3-14　丁寧形

（1）nibuyabuN　（2）furusyabuN　（3）akyabuN　／　acyabuN

（4）tatyabuN　／　tacyabuN　（5）fugyabuN　／　fuzyabuN　（6）numyabuN　（7）tubyabuN

3-15　過去形

（1）nibutaN　（2）furuchaN　（3）achaN　（4）tachaN　（5）fujaN　（6）nudaN　（7）tudaN

3-16　進行形

（1）nibutuN　（2）furuchuN　（3）achuN　（4）tachuN　（5）fujuN　（6）nuduN　（7）tuduN

3-17　否定継起形

（1）niburadana　（2）furusadana　（3）akadana　（4）tatadana　（5）fugadana

（6）numadana　（7）tubadana

※ cyaとchaは「チャ」、cyuとchuは「チュ」、cyoとchoは「チョ」、zyaとjaは「ジャ」、zyuとjuは「ジュ」、zyoとjoは「ジョ」と読んでください。

3-18　否定過去形
<ruby>否定過去形<rt>ひていかこ</rt></ruby>

（1）<ruby>niburadanaataN<rt>にぶらだなあたん</rt></ruby>　（2）<ruby>furusadanaataN<rt>ふるさだなあたん</rt></ruby>　（3）<ruby>akadanaataN<rt>あかだなあたん</rt></ruby>　（4）<ruby>tatadanaataN<rt>たただなあたん</rt></ruby>

（5）<ruby>fugadanaataN<rt>ふがだなあたん</rt></ruby>　（6）<ruby>numadanaataN<rt>ぬまだなあたん</rt></ruby>　（7）<ruby>tubadanaataN<rt>とぅばだなあたん</rt></ruby>

3-19　肯否疑問形
<ruby>肯否疑問形<rt>こうひぎもん</rt></ruby>

（1）<ruby>nibuyoe<rt>にぶよえ</rt></ruby>　（2）<ruby>furusyoe<rt>ふるしょえ</rt></ruby>　（3）<ruby>akyoe<rt>あきょえ</rt></ruby>　/　acyoe²　（4）<ruby>tatyoe<rt>たてょえ</rt></ruby>　/　tacyoe

（5）<ruby>fugyoe<rt>ふぎょえ</rt></ruby>　/　fuzyoe　（6）<ruby>numyoe<rt>ぬみょえ</rt></ruby>　（7）<ruby>tubyoe<rt>とぅびょえ</rt></ruby>

3-20　WH疑問形
<ruby>疑問<rt>ぎもん</rt></ruby>

（1）<ruby>nibuyui<rt>にぶゆい</rt></ruby>　（2）<ruby>furusyui<rt>ふるしゅい</rt></ruby>　（3）<ruby>akyui<rt>あきゅい</rt></ruby>　/　<ruby>acyui<rt>あちゅい</rt></ruby>　（4）<ruby>tatyui<rt>たてゅい</rt></ruby>　/　<ruby>tacyui<rt>たちゅい</rt></ruby>

（5）<ruby>fugyui<rt>ふぎゅい</rt></ruby>　/　<ruby>fuzyui<rt>ふじゅい</rt></ruby>　（6）<ruby>numyui<rt>ぬみゅい</rt></ruby>　（7）<ruby>tubyui<rt>とぅびゅい</rt></ruby>

3-21　存在を表す動詞
<ruby>存在<rt>そんざい</rt></ruby>を表す<ruby>動詞<rt>どうし</rt></ruby>

（1）むかし　やーにわ　いぬぬ　<u>うてぃ</u>　'みゃーわ　<u>うらだなあたん</u>

（2）やーにわ　らじおぬ　<u>あてぃ</u>　てれびわ　<u>なーだなあたん</u>

（3）じゃーじゃわ　やーに　<u>うらだな</u>　あじわ　<u>うたん</u>

（4）すいはんきぬ　<u>なーだな</u>　はがまぬ　<u>あたん</u>

3-22　不規則動詞
<ruby>不規則動詞<rt>ふきそくどうし</rt></ruby>

（1）やーに　あぐぬ　<u>きちゃん</u>

（2）あじが　<u>きち</u>、　むんがったい　<u>しゃん</u>

（3）くるま　うんてん　<u>しー</u>　くうこうち　<u>いじゃん</u>

（4）かごしまち　<u>いじ</u>　ほいむん　<u>しゃん</u>

3-23　です・だった・じゃない

（1）たかしわ　わん　みー　<u>あらん</u>　うとぅでゃ

（2）わん　あちゃわ　むかし　せんせい　<u>あたん</u>

（3）わぬわ　たかしが　あや　<u>でぃろ</u>

※ cyaとchaは「チャ」、cyuとchuは「チュ」、cyoとchoは「チョ」、zyaとjaは「ジャ」、zyuとjuは「ジュ」、zyoとjoは「ジョ」と読んでください。

4-1　主語と目的語を表す助詞_{じょし}

（1）あちゃが　めー　かだん

（2）い゙んがぬ　わん　みちゃん

（3）'わーぬ　みじ　ぬだん

4-2　所有を表す助詞_{じょし}

（1）わん　くゎー

（2）たろうが　くゎー

（3）'みゃーぬ　くゎー　（※'みゃんくゎーとも言います）

（4）い゙んがぬ　ふい

（5）みーが　ふい

（6）うら　ふい

4-3　いろいろな助詞_{じょし}

1．わ、から、し

2．わ、ち

3．にてぃ、む

4．に、ち／に

5．とぅ、ち／に

6．わ、よーか

4-7　文のつなげ方

（1）ひゅーわ　わーちちぬ　ゆくゎんとぅ　'ゆーとぅい　しゃん。

（2）みほこわ　「なー　むどぅゆん」でぃ　いち　むどぅたん。

（3）'まーに　うぬ　ちゅーわ　たかしでぃいろ。

しまむに最初の100語：まずはここから覚えてみよう！

🚩 語彙にも集落差があるので、自分の集落で何というか確認してから使ってね。

	日本語	しまむに	
1	私	☐ わ・わん・わぬ・わな	
2	あんた	☐ うら	
3	あなた	☐ なた	
4	私達	☐ わきゃ / わちゃ[1]	
5	あんた達	☐ うきゃ / うちゃ	
6	これ・それ・あれ	☐ ふり・うり・あり	
7	この・その・あの	☐ ふぬ・うぬ・あぬ	
8	ここ・そこ・あそこ	☐ まー・'まー・あま	「'まー」は「っまー」のような発音をします。
9	父	☐ あちゃ	
10	母	☐ あま	
11	おじいさん	☐ じゃーじゃ	
12	おばあさん	☐ あじ	
13	兄	☐ みー	
14	姉	☐ あや	
15	弟・妹	☐ うとぅ	
16	子ども	☐ くゎー	
17	孫	☐ まぐゎ	
18	夫	☐ をぅとぅ	「をぅ」は「wu」の音です。
19	妻	☐ とぅじ	
20	頭	☐ ちぶる	
21	髪	☐ はらじ	
22	目	☐ みー	
23	鼻	☐ はな・ふぁな	
24	口	☐ くち	
25	胸	☐ にー	

	日本語		しまむに	
26	お腹	☐	わた	
27	肝	☐	きむ / ちむ	
28	手	☐	てぃー	
29	足	☐	はぎ / はじ	
30	誰	☐	たる	
	💬 あんた　誰ね？		うら　たるよー？	
31	何	☐	ぬー	
	💬 何　するの？		ぬー　しゅいよー？	
32	どこ	☐	うだ	
	💬 どこから　来たの？		うだから　きちよー？	
33	いつ	☐	いち	
	💬 いつ　来たの？		いち　きちよー？	
34	なぜ	☐	ぬーでぃ	
	💬 なんで　来たの？		ぬーでぃ　きちよー？	
35	人	☐	ちゅー	
36	男	☐	いﾞんが	「いﾞ」は「yi」の発音です。
37	女	☐	をぅなぐ	「をぅ」は「wu」の発音です。
38	鳥	☐	とぅい	
39	猫	☐	'みゃー	「'」は小さな「っ」をいれて発音してみてください。
40	牛	☐	うし	
41	豚	☐	'わー	「'」は小さな「っ」をいれて発音してみてください。
42	魚	☐	'ゆー	「'」は小さな「っ」をいれて発音してみてください。
43	太陽	☐	てぃだ	
44	月	☐	ちきゅ / ちっちゅー	
45	星	☐	ふし	
46	雲	☐	くむ	

	日本語		しまむに
47	雨	☐	あみ
48	風	☐	はじ
49	海	☐	うみ
50	山	☐	やま
51	畑	☐	ふぁってー
52	木	☐	ひー
53	花	☐	はな
54	川	☐	ほー
55	土	☐	みちゃ
56	水	☐	みじ
57	火	☐	まち
58	ご飯	☐	めー
59	肉	☐	ししー
60	米	☐	ふみ
61	さとうきび	☐	をぅぎ／をぅじ　「をぅ」は「wu」の発音です。
62	塩	☐	ましゅ
63	砂糖	☐	さた
64	野菜	☐	うじゅる
65	朝	☐	すとぅみてぃ（早朝）
66	昼	☐	ひんま　・　ひーま
67	夜	☐	い゙る　　「い゙」は「yi」の発音です。
68	今日	☐	ひゅー
69	昨日	☐	きんにゅー
70	明日	☐	なーちゃ
71	右	☐	みぎ / みじ
72	左	☐	ひじゃい

	日本語			しまむに
73	1つ		☐	てぃーち
74	2つ		☐	たーち
75	3つ		☐	みーち
76	4つ		☐	ゆーち
77	5つ		☐	いちち
78	はい		☐	おー（敬語）・　いん（普通）
79	いいえ		☐	あやぶらん（敬語）・　あい（普通）
80	そう		☐	がん
81	いる　↔　いない		☐	うん　　　　　↔　　　　うらん
82	ある　↔　ない		☐	あん　　　　　↔　　　　なん
83	する　↔　しない		☐	しゅん　　　　↔　　　　しゃん
84	行く　↔　行かない		☐	いきゅん / いちゅん　↔　いかん
85	来る　↔　来ない		☐	きゅん / ちゅん　　↔　　ふん
86	良い　↔　悪い		☐	ゆくゎん　　　↔　　　わろさん
87	白い　↔　黒い		☐	しゅーさ（ん）　↔　　くるさ（ん）
88	赤い		☐	あーさ（ん）
89	青い		☐	おーさ（ん）
90	大きい　↔　小さい		☐	うひさん　　　↔　　　いくさん
91	多い　↔　少ない		☐	おほーさん　　↔　　　いちゃさん
92	きれい　↔　汚い		☐	きらさん / ちゅらさん ↔ わーしゃん
93	暑い　↔　寒い		☐	あちさん　　　↔　　　ひーさん
94	美味しい ↔ まずい		☐	'まさん　　　　↔　　　'まくなん
95	💬 こんにちは		☐	をぅがみやぶら
96	💬 久しぶり		☐	をぅがみどぅーさ
97	💬 ありがとうございます		☐	みへでぃろどー
98	💬 どういたしまして		☐	あやぶらんどー
99	💬 よろしくお願いします		☐	うだぬ　しゃーぶら
100	💬 さようなら（またね）		☐	またやー

付録 ②：主な動詞の活用（西部方言/東部方言）1

※説明の都合上、表記が二種類あるものがあります。ci,chiを「ち」、cha,cyaを「ちゃ」、chu,cyuを「ちゅ」、cho,cyoを「ちょ」、zi,jiを「じ」、zya,jaを「じゃ」、zyu,juを「じゅ」、zyo,joを「じょ」と読んでください。

語根末 / 接辞	母音 abi「呼ぶ」		s「産む」nas		n「死ぬ」sin		k「書く」hak	
意志形 -(r)aa	abi-raa（あびらー）	呼ぼう	nas-aa（なさー）	産もう	sin-aa（しなー）	死のう	hak-aa（はかー）	書こう
命令形 -(r)i	abi-ri（あびり）	呼べ	nas-i（なし）	産め	sin-i（しに）	死ね	hak-i（はき）	書け
禁止形 -(r)una	abi-runa（あびるな）	呼ぶな	nas-una（なすな）	産むな	sin-una（しぬな）	死ぬな	hak-una（はくな）	書くな
条件形 -(r)iba	abi-riba（あびりば）	呼べば	nas-iba（なしば）	産めば	sin-iba（しにば）	死ねば	hak-iba（はきば）	書けば
否定形 -(r)an	abi-ra-N（あびらん）	呼ばない	nas-a-N（なさん）	産まない	sin-a-N（しなん）	死なない	hak-a-N（はかん）	書かない
否定過去形 -(r)adanaa	abi-radanaat-a-N（あびらだなたん）	呼ばなかった	nas-adanaat-a-N（なさだなたん）	産まなかった	sin-adanaat-a-N（しなだなたん）	死ななかった	hak-adanaat-a-N（はかだなたん）	書かなかった
連用形 -i	abi（あび）	呼び～	nas-i（なし）	産み～	sin-i（しに）	死に～	hak-i（はき）	書き～
現在形 -yu	abi-yu-N（あびゆん）	呼ぶ	nas-yu-N（なしゅん）	産む	sin-yu-N（しにゅん）	死ぬ	hak-yu-N / hac-yu-N（はきゅん/はちゅん）	書く
丁寧形 -yabu	abi-yabu-N（あびやぶん）	呼びます	nas-yabu-N（なしゃぶん）	産みます	sin-yabu-N（しにゃぶん）	死にます	hak-yabu-N / hac-yabu-N（はきゃぶん/はちゅん）	書きます
テ形 -i	abit-i（あびてぃ）	呼んで	nach-i（なち）	産んで	sij-i（しじ）	死んで	hach-i（はち）	書いて
過去形 -a	abit-a-N（あびたん）	呼んだ	nach-a-N（なちゃん）	産んだ	sij-a-N（しじゃん）	死んだ	hach-a-N（はちゃん）	書いた
進行形 -u	abit-u-N（あびとぅん）	呼んでいる	nach-u-N（なちゅん）	産んでいる	sij-u-N（しじゅん）	死んでいる	hach-u-N（はちゅん）	書いている

付録 ②：主な動詞の活用（西部方言/東部方言）2

※ 説明の都合上、表記が二種類あるものがあります。ci,chiを「ち」、cha,cyaを「ちゃ」、chu,cyuを「ちゅ」、cho,cyoを「ちょ」、ziji を「じ」、zya,jaを「じゃ」、zyu,juを「じゅ」、zyo,joを「じょ」と読んでください。

語根末 / 接辞		t — mat「待つ」	g — uig「泳ぐ」	m — kam「食べる」	b — asib「遊ぶ」
意志形	-(r)aa	またー **mat-aa** 待とう	ういがー **uig-aa** 泳ごう	かまー **kam-aa** 食べよう	あしばー **asib-aa** 遊ぼう
命令形	-(r)i	まてぃ **mat-i** 待て	ういぎ **uig-i** 泳げ	かみ **kam-i** 食べろ	あしび **asib-i** 遊べ
禁止形	-(r)una	まとぅな **mat-una** 待つな	ういぐな **uig-una** 泳ぐな	かむな **kam-una** 食べるな	あしぶな **asib-una** 遊ぶな
条件形	-(r)iba	まてぃば **mat-iba** 待てば	ういぎば **uig-iba** 泳げば	かみば **kam-iba** 食べれば	あしびば **asib-iba** 遊べば
否定形	-(r)an	またん **mat-a-N** 待たない	ういがん **uig-a-N** 泳がない	かまん **kam-a-N** 食べない	あしばん **asib-a-N** 遊ばない
否定過去形	-(r)adanaa	まただなあたん **mat-adanaat-a-N** 待たなかった	ういがだなあたん **uig-adanaat-a-N** 泳がなかった	かまだなあたん **kam-adanaat-a-N** 食べなかった	あしばだなあたん **asib-adanaat-a-N** 遊ばなかった
連用形	-i	まち **mac-i** 待ち～	ういぎ/ういじ **uig-i / uiz-i** 泳ぎ～	かみ **kam-i** 食べ～	あしび **asib-i** 遊び～
現在形	-yu	まちゅん **mac-yu-N** 待つ	ういぎゅん/ういじゅん **uig-yu-N / uiz-yu-N** 泳ぐ	かみゅん/かみん **kam-yu-N / kam-i-N** 食べる	あしびゅん/あしびん **asib-yu-N / asib-i-N** 遊ぶ
丁寧形	-yabu	まちゃぶん **mac-yabu-N** 待ちます	ういぎゃぶん/ういじゃぶん **uig-yabu-N / uiz-yabu-N** 泳ぎます	かみゃーぶん **kam-yaabu-N** 食べます	あしびゃーぶん **asib-yaabu-N** 遊びます
テ形	-i	まち **mach-i** 待って	ういじ **uij-i** 泳いで	かでぃ **kad-i** 食べて	あしでぃ **asid-i** 遊んで
過去形	-a	まちゃん **mach-a-N** 待った	ういじゃん **uij-a-N** 泳いだ	かだん **kad-a-N** 食べた	あしだん **asid-a-N** 遊んだ
進行形	-u	まちゅん **mach-u-N** 待っている	ういじゅん **uij-u-N** 泳いでいる	かどぅん **kad-u-N** 食べている	あしどぅん **asid-u-N** 遊んでいる

付録 ② ：主な動詞の活用（西部方言／東部方言）3

※説明の都合上、表記が二種類あるものがあります。ci,chiを「ち」、cha,cyaを「ちゃ」、chu,cyuを「ちゅ」、cho,cyoを「ちょ」、zi,jiを「じ」、zya,jaを「じゃ」、zyu,juを「じゅ」、zyo,joを「じょ」と読んでください。

活用形	語根末 接辞	不規則動詞 する		来る		行く		存在動詞 ある		ない	
意志形	-(r)aa	si-raa	しよう	fuu-raa	来よう	ik-aa	行こう	a-raa	あろう	—	—
命令形	-(r)i	si-i	しろ	fuu	来い	ik-i	行け	a-ri	あれ	—	—
禁止形	-(r)una/Nna	si-Nna	するな	fu-Nna	来るな	ik-una	行くな	a-Nna	あるな	—	—
条件形	-(r)iba	si-riba	すれば	ku-riba	来れば	ik-iba	行けば	a-riba	あれば	—	—
否定形	-(r)an	si-ra-N	しない	fuu-ra-N	来ない	ik-a-N	行かない	—	—	—	—
否定過去形	-(r)adanaa	si-radanaat-a-N	しなかった	fuu-radanaat-a-N	来なかった	ik-adanaat-a-N	行かなかった	—	—	—	—
連用形	-i	si-i	し〜	k-i / c-i	来〜	ik-i / ic-i	行き〜	a-i	あり〜	—	—
現在形	-yu	s-yu-N	する	k-yu-N / c-yu-N	来る	ik-yu-N / ic-yu-N	行く	a-N	ある	na-N	ない
丁寧形	-yabu	s-yaabu-N	します	k-yaabu-N / c-yaabu-N	来ます	ik-yabu-N / ic-yabu-N	行きます	a-yabu-N	あります	na-abu-ra-N	ないです
テ形	-i	si-i	して	kich-i	来て	ij-i	行って	at-i	あって	naaj-i	なくて
過去形	-a	sy-a-N	した	kich-a-N	来た	ij-aN	行った	at-a-N	あった	na-adanaat-a-N	なかった
進行形	-u	sy-u-N	している	kich-u-N	来ている	ij-u-N	行っている	—	—	—	—

おわりに

　最後まで読んでいただいてどうもありがとうございました（しったい　みへでぃろど〜！）。

　しまむにのことを話す機会をいただいたり、しまむにの教室をしていると「方言に文法があるなんてビックリした！」「普段何気なく話している方言が、こんな奥深いなんて！」というお声をいただきます。

　本当に、これだけ分厚い本で書いても書ききれないくらい、方言は奥深くて、そしてとても精緻な仕組みがあるのです。

　この本で、その世界が少しでも垣間見えたら嬉しいな、と思っています。

　しまむにが「生きたことば」として、次の世代に受け継がれていくことを願って。

横山晶子

〈謝辞〉
　この本は、著者の博士論文『琉球沖永良部島国頭方言の文法』（一橋大学）を元に執筆しました。
　何も知らない私に、1からしまむにを教えて下さった、沖永良部島の皆さまに心から感謝申し上げます。特に公私にわたりお世話になった、川上忠志さん、前利潔さん、西村富明さん・タカ子さん、松村雪枝さん、田中美保子さん、佐々木隆史さん、先田光演さん、川島昭さん・文慧さん、東里美さん、川島清子さん、先田タケ子さん、田畑孝子さん、国分四男子さんに感謝の気持ちをお伝えしたいと思います。

　この本は、以下の研究助成を元を受けて行った調査の一部を含みます。
　特別研究員奨励費13J03186、17J04617、20J40023、科研費20H01266、20H01257
　スミセイ女性研究者奨励賞「危機言語の言語継承に向けた教材開発研究 」

　本文の誤り、お気づきの点などは、下記の連絡先までご教示いただけますと幸いです。
　✉ akikoyokoyama1110@gmail.com

【著者紹介】

横山晶子（よこやまあきこ）

日本学術振興会特別研究員（東京外国語大学アジア・アフリカ言語文化研究所）。
一橋大学大学院社会学研究科博士課程修了。ハーバードイェンチン研究所客員研究員、日本学術振興会特別研究員（国立国語研究所）、ロンドン大学東洋文化研究所客員研究員をへて現職。
2012年より沖永良部島に通い、ことばの記述・記録・継承の研究をしている。
著書に『シマノトペ』（2019年、言語復興の港）『塩一升の運（ましゅいっしゅーぬくれー）』（2022年、ひつじ書房）など。

0から学べる島むに読本　琉球沖永良部島のことば
(ゼロ)

My First Book of Okinoerabu Language
YOKOYAMA Akiko

発行	2022年7月16日　初版1刷
定価	2800円＋税
著者	©横山晶子
ブックデザイン	小勝千砂（株式会社アジャストリンク）

発行者	松本功
印刷・製本所	株式会社 シナノ
発行所	株式会社 ひつじ書房
	〒112-0011 東京都文京区千石2-1-2 大和ビル2 階
	Tel: 03-5319-4916 Fax: 03-5319-4917
	郵便振替 00120-8-142852
	toiawase@hituzi.co.jp　https://www.hituzi.co.jp/
	ISBN 978-4-8234-1158-8

造本には充分注意しておりますが、落丁・乱丁などがございましたら、
小社かお買上げ書店にておとりかえいたします。
ご意見、ご感想など、小社までお寄せ下されば幸いです。

協力　　　　　　言語復興の港